Guías familiares
Los caminos de Alba

Valle de Ordesa
Bujaruelo

Marta Montmany

AF193288

EDITORIAL
ALPINA

Segunda edición: junio 2024
© Marta Montmany para el texto y las fotografías

Fotografía de portada: circo de Soaso y macizo de
Tres Serols

Diseño: Raquel Castro
Maquetación: Marina Miralles
Cartografía: Editorial Alpina, SL

**Derechos exclusivos de edición en lengua castellana:
Editorial Alpina, SL**
Princesa, 67
08401 Granollers
www.editorialalpina.com
alpina@editorialalpina.com

ISBN: 978-84-7011-127-3
Depósito legal: B 10573-2024

La reproducción total o parcial de esta obra por cualquier pro-
cedimiento, comprendiendo la reprografía y el tratamiento infor-
mático, así como la distribución de ejemplares mediante alquiler
y préstamo, quedan rigurosamente prohibidas sin la autorización
escrita del editor y estarán sometidas a las sanciones estable-
cidas por la ley.

PARA IR A LA MONTAÑA, TENÉIS QUE LLEVAR:

Equipación:

- Un buen calzado que os proteja los tobillos
- Gorra
- Gafas de sol
- Mochila
- Brújula
- Mapa

En la mochila:

- Cantimplora
- Un jersey o un forro polar
- Impermeable o canguro
- Tiritas
- Frutos secos, chocolatinas
- Binoculares
- Cámara
- Linterna
- Cordel
- Crema solar
- Teléfono móvil
- GPS

VUESTRO PASO POR LA MONTAÑA NO SE DEBE NOTAR

- Una excursión no es una carrera: disfrutad del lugar y del paisaje.
- No echéis a rodar piedras por las pendientes: podríais hacer daño a alguien.
- No escondáis papeles ni basura debajo de las piedras.
- No hagáis fuego en ningún caso.
- No os acerquéis demasiado a los rebaños: por pacíficos que sean, los animales pueden tener reacciones inesperadas, sobre todo si tienen crías.
- Dejad siempre las cercas como las encontréis: abiertas o cerradas.
- No olvidéis llevaros las basuras para depositarlas en un contenedor.

¡LA MONTAÑA OS LO AGRADECERÁ!

Introducción

Sierra de Tendeñera

El **valle de Ordesa** se sitúa en el Pirineo central, en la provincia de Huesca. Por sus características y situación, se engloba dentro de la unidad estructural pirenaica de las Sierras Interiores. Su historia geológica está estrechamente relacionada con la formación del Pirineo. Esta cordillera, para formarse, ha sufrido dos ciclos geológicos: el Hercínico o Varisco y el Alpino. Para hablar del primero nos remontamos entre 500 y 250 Ma, cuando había un fondo marino en el que se acumularon limos, lodos, arcillas y arenas. Posteriormente se deformaron intensamente dando lugar a la cordillera Varisca, de grandes dimensiones. Esta cordillera se desmanteló y una gran fase erosiva la hizo desaparecer. El territorio fue cubierto por un mar y de nuevo se fueron depositando materiales que sedimentarían para formar nuevas rocas. Fue entre 80 y 20 Ma cuando se produjo el levantamiento de estos materiales (orogenia alpina) y la retirada definitiva del mar, creando los Pirineos. Posteriormente, la acción implacable de la erosión glaciar y fluvial acabaría de modelar las estructuras actuales. La última gran glaciación, hace 65.000 años, modeló enérgicamente toda la zona dotándola de un paisaje muy particular. La mayoría de los materiales que encontramos dentro del **Parque Nacional de Ordesa y Monte Perdido**, su zona periférica y su zona de influencia pertenecen al ciclo alpino, excepto unos afloramientos de rocas variscas (granitos, pizarras y cuarcitas) que encontramos en la zona de Bielsa.

El macizo del **Monte Perdido** (con 3.348 m) es el macizo calcáreo más alto de Europa occidental. Su altura se debe al apilamiento de varios niveles (hasta siete) de materiales formados durante el ciclo alpino. Estos materiales son principalmente calizas y areniscas, pero también encontramos dolomías y margas. Al ser materiales formados por sedimentación marina, muchos contienen fósiles que nos ayudan a datarlos. Una vez configurado este armazón y con el clima actual podemos hablar de la gran diversidad de seres vivos que pueblan estos terrenos calizos. La variedad vegetal que encontramos es amplísima y viene determinada por la climatología, el suelo y la altitud. El listado de plantas superiores del parque y su zona de influencia incluye más de 1.300 especies, ni más ni menos que la mitad de toda la flora presente en el Pirineo aragonés. También es destacable el número de endemismos que albergan estas montañas, unos cincuenta. Su distribución responde a una estructura que viene determinada por diferentes factores. En las caras norte encontramos frondosos bosques de hayedo-abetal que, a partir de 1.800 m, dan paso al pino negro. En las solanas el pino silvestre es el árbol dominante, y en las riberas encontramos bosques mixtos de sauces, abedules... En los valles más meridionales del parque, los espesos bosques de carrascas y quejigos cubren las empinadas laderas. En zonas altas, los prados alpinos, ya desnudos de árboles pero llenos de florecillas, nos acompañarán fielmente, sin olvidarnos de los montes recubiertos de erizón, tan vistoso en su periodo de floración. Acompañando estos bosques encontramos numerosos arbustos como boj, avellano, acebo, rododendro, enebro, majuelo... El universo de las flores tiene también un importante papel en este territorio, con especies como prímulas, gencianas, lirios, siemprevivas, saxífragas, potentillas... Endemismos pirenaicos como la corona de rey, la oreja de oso y las madreselvas comparten protagonismo con la buscada edelweiss. Todo ello configura un gran jardín botánico de montaña en el que no faltan especies micológicas como el cep, la trompeta de los muertos, la trompeta amarilla, el muxardón, la senderuela, la colmenilla... y la venenosa *Amanita Phalloides*. La fauna de la zona es también de gran interés naturalístico, destacando entre los mamíferos a sarrios, jabalís, corzos, marmotas, martas, armiños, topillos nivales y nutrias. Los cielos se los reparten las águilas reales, quebrantahuesos, bui-

Valle de Ordesa desde el Molar

tres y chovas, mientras que en los bosques, el incesante cantar de arrendajos, camachuelos, carboneros y herrerillos hacen las delicias de los paseantes. El tritón de los Pirineos, la rana pirenaica, la víbora áspid o el lagarto ocelado también pueden sorprendernos en estos parajes, que comparten con vistosas mariposas como la cada vez más escasa Apolo, *Maculinea Arion* o la *Graellsia Isabelae*.

Esta espectacular armonía natural ya atrajo antaño a grandes naturalistas, geógrafos, geólogos y pirineistas. En 1801, Ramond de Carbonnierès, uno de los investigadores pioneros en la zona publicó, sus *Voyages au Mont Perdu*. Años más tarde aparecería por estas tierras una mente inquieta que contribuiría a cambiar el rumbo de dichos parajes: **Lucien Briet**, con sus trabajos de investigación, escritos y alegatos a la naturaleza, fue uno de los impulsores de la declaración de la zona como **Parque Nacional** para proteger así su territorio y sus bienes naturales. **Pedro Pidal**, impulsor de la creación de los parques nacionales en España, fue

el complemento ideal y práctico que ayudó a cumplir el sueño de Briet y de muchos otros. Así, el 16 de agosto de 1918 se creó la figura de protección del **Parque Nacional de Ordesa**, que abarcaba unas 2.100 ha. Años más tarde, en 1982, se produjo la ampliación de las zonas protegidas incluyendo los **valles de Añisclo**, **Escuaín**, la cabecera de **Pineta** y la vertiente española del **macizo de Marboré**. Aunque quedaron fuera muchas zonas de interés, el cómputo general asciende a 15.608 ha de Parque Nacional y unas 20.000 ha de zona periférica de protección. Con la ampliación, su nombre pasó a ser el de **Parque Nacional de Ordesa y Monte Perdido**.

La creciente puesta en valor de estos parajes naturales ha contribuido a que se le otorguen nuevos títulos y figuras de protección: Diploma Europeo del Consejo de Europa, Patrimonio Mundial de la Humanidad por la UNESCO, Reserva de la Biosfera "Ordesa-Viñamala", Monumento Natural de los Glaciares Pirenaicos, Red Natura 2000 y Geoparque Mundial UNESCO Sobrarbe-Pirineos.

Valle de Ordesa

SOBRE LA GUÍA

El ámbito geográfico que recogemos en esta guía es la zona del Parque Nacional de Ordesa y Monte Perdido, correspondiente al **valle de Ordesa**, pero también su zona periférica del **valle de Bujaruelo** y las áreas de influencia de **Torla**, **Broto**, **Fragen**, **Viu** y **Linás de Broto**. Hay que tener en cuenta que los itinerarios del Parque Nacional pueden estar muy concurridos en época estival, Semana Santa y puentes, por lo que hemos incluido otras rutas por la zona periférica y el área de influencia que nos descubren parajes no menos bellos, pero sí más solitarios.

Al realizar los itinerarios dentro del Parque Nacional hemos de tener en cuenta el transporte, pues en verano, Semana Santa y algunos puentes, el acceso a Ordesa se realiza en un autobús que sale del entro de Visitantes de Torla. También es importante respetar la normativa cuando entremos en zonas protegidas.

Los itinerarios escogidos para esta guía son aptos para todo tipo de excursionistas. Son rutas fáciles, con accesos sencillos, por caminos marcados y con distancias y desniveles asequibles. Es importante, antes de acometer cualquiera de las rutas, analizar su desnivel, grado de dificultad y duración estimada para poder valorar nuestras fuerzas. Los horarios son meramente orientativos, calculados a un ritmo normal, sin contar paradas. Probablemente quien esté muy habituado a caminar por la montaña acortará estos tiempos y quien sea más novel o vaya con niños podrá alargarlos.

Hemos de tener en cuenta que nos encontramos en una zona de montaña y que las condiciones climatológicas pueden variar mucho dependiendo de la época del año. También hay que prever que en una misma jornada la climatología puede cambiar radicalmente, por lo que hay que ir siempre debidamente equipados. Y unos últimos consejos antes de empezar a andar: valorad bien vuestras fuerzas, escoged bien los itinerarios y disfrutad mucho de la naturaleza. Os encontráis en un lugar único del que siempre guardaréis un recuerdo imborrable.

Aguileña con escarabajo

Mapa general

Torla

Leyenda mapa

Punto de inicio / final	⊙	Refugio guardado	🏠
Ruta / dirección itinerario		Refugio no guardado	🏠
Variante de itinerario		Cabaña	🏠
Pista / camino		Hotel	H
Senda		Parador	P
Vía urbana / pista asfaltada		Camping	▲
Sendero de gran recorrido	GR	Casa rural	CR
Sendero de pequeño recorrido	PR	Albergue	🏠
Sendero local	SL	Oficina de información	ⓘ
Carretera local	L-500	Iglesia o ermita	🛉
Carretera principal	N-230	Restos arqueológicos	❖
Ferrocarril		Puente histórico	⌒
Fuente		Castillo	🏛
Cascada		Vista panorámica	❁
Área recreativa	🌲	Autobús	🚌
Árbol monumental	🌳	Parquing	P

Valle de Ordesa

- •··· **Inicio:** Torla
- **Duración:** 2 h 30 min (1 h 30 min: camino de Laor. 30 min: pista del Zebollar. 30 min: camino de Teraturio)
- ▲ **Subida acumulada:** 450 m

Descubriendo el entorno de Torla

La **villa de Torla** es indiscutiblemente la puerta de entrada más concurrida al Parque Nacional de Ordesa y Monte Perdido. Pero pasar de largo sin prestarle atención es un grave error. Sus robustas casas, agrupadas en manzanas, se disponen en torno a una gran calle principal, en la que encontramos dos plazas con una función importante: la del ayuntamiento y la del mercado semanal. Esta organización responde sin duda al papel que jugó antaño esta población como lugar de paso importante, aduanero y su posible posición junto al Camino de Santiago.

El elemento más destacado de su arquitectura es la robusta iglesia de **San Salvador**, que domina en un punto estratégico toda la entrada al valle. Su origen data del s. XIII, aunque la mayor parte de lo que se conserva es del s. XVI. Junto a ella encontramos la entrada al antiguo castillo. También son de gran interés algunas de sus casas y elementos que en ellas encontramos, como las peculiares chimeneas troncocónicas, las grandes portadas de entrada, o las ventanas con parteluz central y arcos apuntados.

Peña Duáscaro, pliegue de San Antón y punta Mondarruego

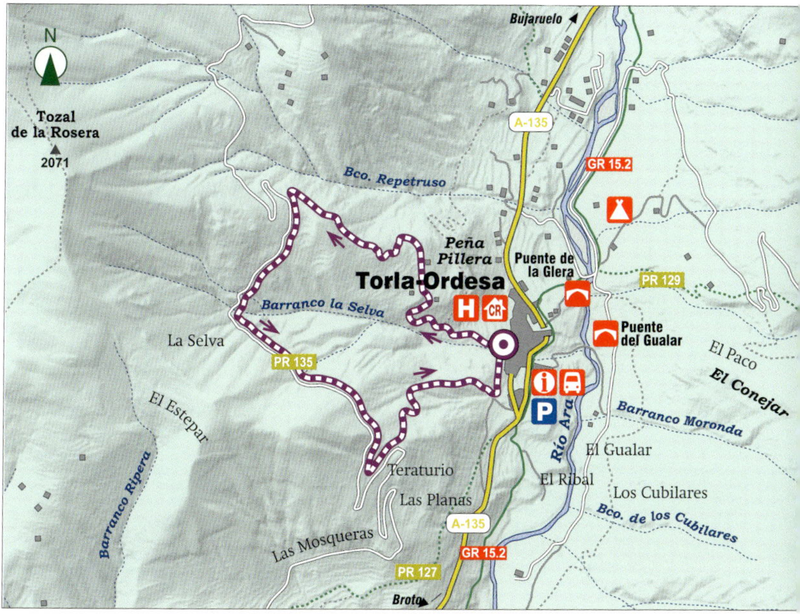

La excursión ▼

Iniciamos la ruta en la **plaza de la Constitución** de **Torla**, junto al ayuntamiento. Tomamos la calle Capuvita, que asciende hacia la ermita de **Santa Lucía**, una pequeña construcción que alberga en su interior interesantes pinturas, murales y frisos policromados. Abandonamos ya las últimas casas de Torla y la zona alta con sus bordas

Camino tradicional a las afueras de Torla

Camino de Laor

características por un camino tradicional empedrado, entre muretes de piedra.

La espesa vegetación de avellanos nos regala una apreciada sombra en los meses de verano. El camino es bastante empinado, pero con la ayuda de lazadas constantes vamos ganando altura. Poco a poco va apareciendo alguna haya que tiñe de ocres el bosque en los meses de otoño.

Avanzando junto al **barranco la Selva** encontramos quejigos, abundantes en estas laderas. La senda se separa del barranco para ir a buscar una zona de bordas y prados de pasto. El camino poco a poco va ganando unas espléndidas vistas sobre el Mondarruego. La vegetación también va cambiando; ahora pinos, bojes y los pinchudos erizones son los compañeros de viaje. Tras 1 h 30 min de ascenso llegamos a la **pista del Zebollar**, un amplio camino de uso ganadero. Debemos seguir hacia la izquierda por esta vía, en ligero pero continuado descenso.

El agradable bosque de coníferas nos da sombra, y cuando clarea, de vez en cuando, nos ofrece unas espectaculares vistas del valle de Torla, presidido por el Mondarruego, acompañado del Tozal del Mallo, la Punta Acuta, la Peña Duáscaro y el singular pliegue de San Antón. Mirando a S descubrimos el valle del Ara, aguas abajo de Broto, labrado por dicho río en su curso trenzado.

Después de 30 min de descenso por la cómoda pista llegamos a unos repetidores de telefonía, punto en el que sale un pequeño sendero de la pista, a la izquierda, señalizado con un cartel. Es el **camino de Teraturio**, que debemos tomar. Este sendero es bastante pedregoso e incómodo de descender, pero no ofrece problemas. Poco a poco va ofreciéndonos unas vistas singulares sobre la población de Torla, a la que llegaremos tras 30 min de marcado descenso.

Vista de Torla con el Mondarruego al fondo

- **Inicio:** desde Torla seguimos hacia Ordesa, y en el puente de los Navarros tomamos la pista hacia San Nicolás de Bujaruelo hasta las inmediaciones del puente de Santa Elena.

- **Duración:** 1 h 30 min (solo ida)

- **Subida acumulada:** 150 m

Tras el paso de peregrinos y contrabandistas

San Nicolás de Bujaruelo ha sido desde antaño lugar de paso de peregrinos, viajantes, ganaderos, contrabandistas y gentes en general. Lo comprobamos en las ruinas de la antigua iglesia de San Nicolás, del s. XII, primer edificio que encontraban los peregrinos de la edad media al cruzar por el espléndido puente románico sobre las aguas del río Ara y que actualmente se conserva en magnífico estado. Como ahora, también hubo un edificio dedicado a la hospedería.

Posteriormente, y tras la proliferación del contrabandismo en la zona, se sumó al conjunto arquitectónico un acuartelamiento y distintos búnkers repartidos por las inmediaciones.

Río Ara

N

Vaqueriza

GR 11 **Puente Oncíns**

Río Otal

La Femalla

Río Ara

Bco. Crapera

Plana Sandaruelo

Refugio Plana de Sandaruelo

Bco. Sandaruelo

GRT-30

Refugio de la Escusaneta

La Escusaneta

Pico la Escusaneta
2609

VALLE DE OTAL

La Escusana

Fenés

San Nicolás de Bujaruelo

Puente de Bujaruelo

Refugio de Bujaruelo

Bco. Cabieto

VALLE DE BUJARUELO

Refugio de Facha Guasa

Bco. de Fenés

GR 11

Puente de los Abetos

Olla del Narronal

Camping y refugio Valle de Bujaruelo

Refugio de Pescadores

Sierra Asnal

Garmo San Bastán

Mondarruego

Santa Elena

Las Moracas

Tozal del Cebollar
1756

Salto del Carpín

Puente Nuevo de Santa Elena

Bco. de San Bastán

Bco. Sopeliana

Plana Mondarruego

PR 134

GR 11

Bco. de las Comas

La Escala

Sopeliana

Río Ara

Puente de los Navarros

Centro de Visitantes
A-135

Pradera de Ordesa

Collada del Cebollar

Torla

GR 11

Cascada de Santa Elena

La excursión ▼

Comenzamos la ruta en el **puente de Santa Elena**. Junto a este, en la izquierda orográfica del río Ara, sale un sendero señalizado (GR 11 a San Nicolás de Bujaruelo), por el que debemos iniciar la marcha. Al principio el camino llanea, remontando el valle suavemente junto al río Ara. En los primeros tramos vemos terrenos con vegetación arrasada debido al paso de la línea de alta tensión, pero rápidamente nos adentramos en un precioso bosque de pinos, hayas, bojes y abetos. Llegamos a un rellano donde de unas marcas rojas en unos árboles nos señalizan un camino a la derecha, es el sendero que va por **Facha Guasa**. Lo ignoramos y continuamos por el sendero que llevábamos. Cuando el bosque clarea descubrimos a la izquierda las cascadas que forman el **barranco del Boso** y el de **Arañonera** en las inmediaciones de la ermita de **Santa Elena**.

Tras 25 min llegamos a un desvío a la izquierda que nos lleva al puente de los Abetos y al camping Valle de Bujaruelo. Lo ignoramos y continuamos por el camino de la derecha, que prosigue por un tramo en ascenso, separándose de las aguas del Ara. El sendero, que avanza a media ladera, va por tramos bastante colgados o expuestos: si vamos con niños pequeños habrá que prestar especial atención. Sumergidos en un mágico hayedo cruzamos el barranco de Facha Guasa y continuamos hasta llegar de nuevo junto al cauce del Ara en un lugar de especial belleza.

El río nos enmarca hacia el SO la inconfundible silueta del pico Otal y hacia el N el fronterizo pico de la Bernatuara. Cruzamos las aguas del canal de las Fabetas y continuamos por un tímido sendero señalizado con hitos que pronto desemboca en otro más labrado. Acabamos de atravesar una zona en que el agua constantemente destruye las laderas y cambia la configuración del terreno, el trazado del camino es su consecuencia. Tras una deliciosa zona plana de boj con piedras y musgo llegamos a un amplio prado, sorprendente y bello. Lo cruzamos y tenemos dos opciones para continuar: hacia la derecha el sendero va directo al **barranco de los Gabietos** (opción no recomendada en primavera por el deshielo) y el de la izquierda lo sortea por un puente. Ambas opciones son válidas y se juntan más adelante. La visita a la cascada de los Gabietos es

San Nicolás de Bujaruelo

muy recomendable; el sendero que nos conduce a ella sale del camino que cruza el barranco de forma directa, tras haber superado dicho paso. Aunque tomado la opción del puente, una vez en el sendero principal podemos retroceder hacia el barranco para visitar la cascada.

Reanudamos la ruta cruzando el barranco pedregoso de la Escusaneta y avanzando por un amplio pedregal, justo enfrente del **refugio de Bujaruelo**. Ahora ya solo nos queda cruzar las aguas del Ara por el precioso puente románico para llegar sin problemas al final de la excursión.

Cascada de Gabietos

- **Inicio:** desde Torla seguimos hacia Ordesa y en el puente de los Navarros tomamos la pista hasta San Nicolás de Bujaruelo.
- **Duración:** 3 h 25 min (1 h 55 min ida + 1 h 30 min vuelta)
- **Subida acumulada:** 304 m

El valle glaciar de Otal

El **valle de Otal** es un valle secundario del Ara. Su perfecta forma en U desvela su origen glaciar. Hace 65.000 años un glaciar tributario del Ara esculpía estas paredes en una perfecta artesa, de fondo plano y paredes escarpadas. A la entrada del valle vemos unos grandes bloques de piedra: son areniscas de Marboré y corresponden a restos de una antigua morrena de este glaciar. El fondo del valle queda cerrado por un perfecto circo, herencia también de esos antiguos glaciares.

Alzando la mirada al fondo, la silueta inconfundible del pico Otal y el Tendeñera nos recuerdan que esta gran sierra calcárea, en lo más profundo de sus entrañas, alberga un sistema endokárstico de gran envergadura: el **sistema subterráneo de Arañonera**. Tiene un desnivel de −1.349 m y un recorrido de más de 43 km. Una cavidad de referencia a nivel estatal y mundial.

Valle de Otal

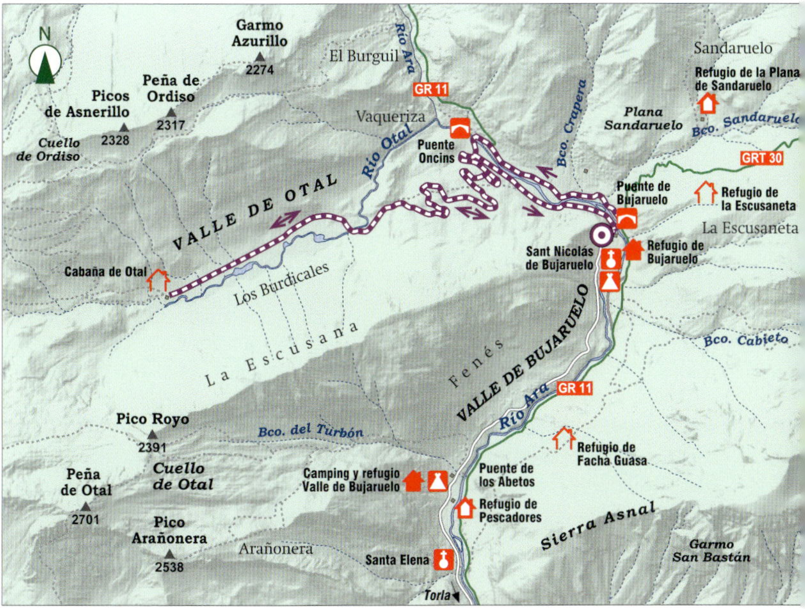

Map labels:

N

Garmo Azurillo
2274

El Burguil

Río Ara

GR 11

Sandaruelo

Refugio de la Plana de Sandaruelo

Peña de Ordiso
2317

Picos de Asnerillo
2328

Cuello de Ordiso

Vaqueriza

Río Otal

Puente Oncins

VALLE DE OTAL

Cabaña de Otal

Los Burdicales

Bco. Crapera

Plana Sandaruelo

Bco. Sandaruelo

GRT 30

Puente de Bujaruelo

Refugio de la Escusaneta

La Escusaneta

Sant Nicolás de Bujaruelo

Refugio de Bujaruelo

La Escusana

Fenés

VALLE DE BUJARUELO

Bco. Cabieto

Pico Royo
2391

Bco. del Turbón

Río Ara

GR 11

Peña de Otal
2701

Cuello de Otal

Refugio de Facha Guasa

Pico Arañonera
2538

Arañonera

Camping y refugio Valle de Bujaruelo

Puente de los Abetos

Refugio de Pescadores

Sierra Asnal

Garmo San Bastán

Santa Elena

Torla

Valle y cabaña de Otal

La excursión ▼

Salimos del **refugio de San Nicolás de Bujaruelo** (1.338 m) y cruzamos el puente románico que se alza sobre el río Ara. A continuación tomamos el sendero GR 11 hacia la izquierda. La senda, que avanza por la margen izquierda del río, progresa por el fondo del valle, alternando zonas de prado y boj. Cruzamos el **barranco de Sandaruelo** por un puente y continuamos por el fondo del valle. Dejamos a la derecha el desvío hacia los taxos de Crapera (ruta núm. 6) y seguimos con la magnífica estampa de la peña de Ordiso y el Garmo Azurillo frente nuestro, mientras que a nuestras espaldas dejamos el pico Escuzaneta y la imponente cara norte del Mondarruego.

Después de atravesar las praderas de Laña Larga, entre bojes, tejos y servales, llegamos a una pista forestal. La tomamos a la izquierda, cruzamos el Ara por el **puente Oncins** y llegamos a una bifurcación, donde encontramos la **fuente de la Femalla**, un lugar perfecto para reponer nuestras existencias hídricas.

Continuamos el itinerario siguiendo la pista de la derecha, que va remontando la pendiente que nos conduce al valle colgado de Otal haciendo amplias lazadas. El camino es muy ancho y cómodo. A lo largo del mismo vemos varios atajos que acortan en las lazadas; es mejor dejarlos para la bajada y subir de una forma más relajada. Poco a poco la vegetación va perdiendo frondosidad hasta llegar a la configuración de prados alpinos que tenemos en el valle de Otal. En 1 h 20 min llegamos al **collado de Otal** (1.598 m), donde encontramos una puerta metálica que regula el paso del ganado. Pasamos por ella y entramos de pleno en el **valle de Otal**. A nuestras espaldas dejamos una magnífica panorámica de la ascensión al puerto de Bujaruelo (ruta núm. 8) con las impresionantes paredes de los Gabietos y el Taillón.

Un camino muy marcado recorre el valle. Al inicio transcurre por la derecha orográfica del sinuoso río, pero rápidamente se cruzan las aguas por un puente y se prosigue por el otro lado, alcanzando sin problema la cabaña de Otal.

Galanthus nivalis

El retorno lo efectuamos por el mismo camino hasta la **fuente de la Femalla**. A partir de aquí continuamos por la pista de la derecha, que avanza por el fondo del valle, siguiendo la derecha orográfica del Ara. Una gran riqueza forestal y paisajística nos acompaña en este tramo, bosques de pino y boj se combinan a la perfección con la vegetación de ribera que hallamos cerca del cauce fluvial. En los meses primaverales el camino está salpicado de numerosas flores, entre las que destacan las aguileñas, orquídeas y prímulas.

Tras 3 h 20 min de marcha llegamos de nuevo a **San Nicolás de Bujaruelo**.

Río Ara y cara norte del pico Mondarruego

- **Inicio:** desde Torla seguimos hacia Ordesa y en el puente de los Navarros tomamos la pista hasta San Nicolás de Bujaruelo.
- **Duración:** 4 h (2 h 10 min ida + 1 h 50 min vuelta)
- **Subida acumulada:** 482 m

La soledad de un valle perfecto

Descubrir el **valle de Ordiso** es siempre un regalo por varios motivos: por la soledad y la tranquilidad que desprende, la calidad paisajística que nos ofrece pero también la importancia que a nivel geológico presenta.

Es un valle de origen glaciar, dato que irrevocablemente nos lo transmite su forma en U, o artesa. Este glaciar era un afluente del Ara. Al ser de menores dimensiones, su fuerza erosiva también fue menor, lo que constatamos de forma evidente con la diferencia en metros que hay del fondo de un valle al del otro (el del Ara casi 200 m más abajo).

Otra curiosidad muy interesante es que las aguas van apareciendo (en surgencias) y desapareciendo (en sumideros) a lo largo del valle; eso nos indica la naturaleza kárstica del terreno. Otros elementos como lapiaces y dolinas nos evidencian aún más esta característica que posee la roca caliza al disolverse.

Aunque en nuestra excursión no veamos o reconozcamos todos estos elementos, es fácil y divertido imaginar la estructura interna del suelo que pisamos, repleta de ríos subterráneos.

Entrada del valle de Ordiso y barranco homónimo

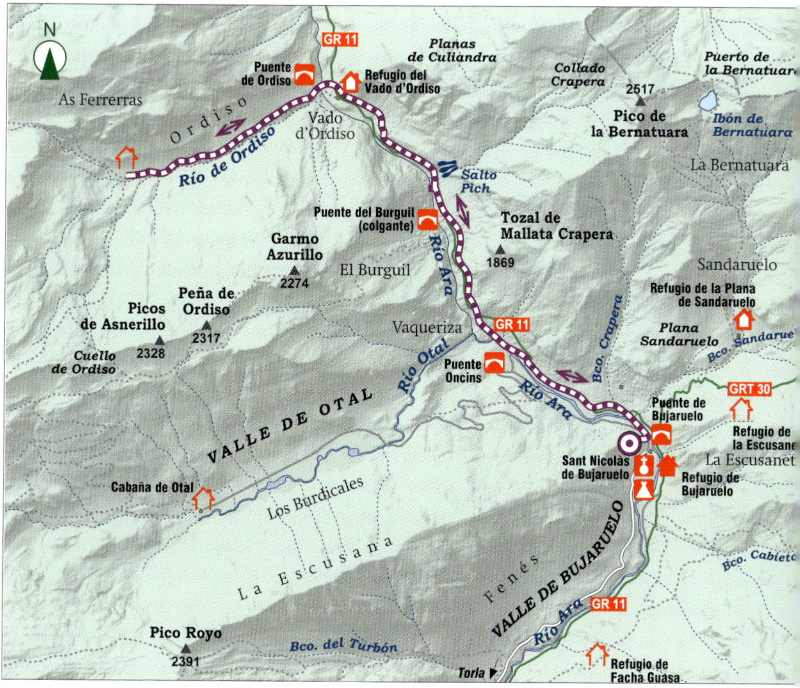

N

As Ferrerras

GR 11

Puente
de Ordiso

Refugio del
Vado d'Ordiso

Planas
de Culiandra

Collado
Crapera

2517

Puerto de
la Bernatuar

Pico de
la Bernatuara

Ibón de
Bernatuara

O r d i s o

Río de Ordiso

Vado
d'Ordiso

Salto
Pich

La Bernatuara

Garmo
Azurillo

2274

El Burguíl

Puente del Burguíl
(colgante)

Río Ara

Tozal de
Mallata Crapera

1869

Sandaruelo

Refugio de la Plana
de Sandaruelo

Peña de
Ordiso

2317

Picos
de Asnerillo

Cuello
de Ordiso

2328

Vaqueriza

Río Otal

Puente
Oncins

GR 11

Río Ara

Bco. Crapera

Plana
Sandaruelo

Bco. Sandarue

GRT 30

Puente de
Bujaruelo

Refugio de
la Escusane

V A L L E   D E   O T A L

Cabaña de Otal

Los Burdicales

La   Escusana

F e n é s

Sant Nicolás
de Bujaruelo

Refugio de
Bujaruelo

La Escusanet

Bco. Cabieté

Pico Royo

2391

Bco. del Turbón

VALLE DE BUJARUELO

Río Ara

GR 11

Torla ▶

Refugio de
Facha Guasa

Valle de Ordiso

La excursión

Salimos del **refugio de San Nicolás de Bujaruelo** (1.338 m) y cruzamos el puente románico que se alza sobre las frías aguas del río Ara. Tras superarlo tomamos el camino señalizado como GR 11, hacia la izquierda.

Un agradable sendero que va planeando junto al río nos lleva hasta una pista, en las inmediaciones de **puente Oncins**. Aquí tenemos dos opciones, o bien seguir por la pista hacia la derecha o acortar por un sendero que nos encontramos de frente; ambas opciones nos conducen hasta la zona de las Trapas, donde un gran abrigo de roca nos cobija y nos invita a disfrutar de las vistas del valle de Otal.

Reanudamos la marcha por la pista forestal, que de inmediato nos sumerge en un magnífico hayedo, húmedo y lleno de vida. Encontramos un pequeño desvío, a la izquierda, para ir al **puente colgante de Burguil**. Lo tomamos y en apenas 5 min estamos ya en el citado enclave. Aquí la bravura del joven río

Cascada del río Ordiso

Ara nos aporta fuerza y frescor. Regresamos a la pista principal, y continuamos remontando el valle hasta encontrar, a la derecha, el magnífico **salto Pich**, que desciende de forma elegante por el escarpe rocoso.

Continuamos hasta el refugio del **Vado de Ordiso** (1.591 m), con buenas vistas del citado valle y de las cascadas que se forman al descender de él.

Aquí dejamos a la derecha el sendero GR 11, que continua por el valle del Ara presidido por las imponentes paredes del Vignemale, y continuamos por el camino de la izquierda, que desciende al río y lo cruza por el **puente de Ordiso**.

A partir de este punto, el camino, a pesar de ser evidente, no está muy marcado. Transcurre en acusado ascenso por la izquierda orográfica del río de Ordiso. Antes de tomar altura es interesante desviarse hacia el barranco homónimo, por sendero poco marcado, para descubrir las bellas cascadas y pozas que se forman. Tras la visita volvemos al sendero principal.

Unos 200 m de desnivel separan las aguas del valle del Ara con el fondo del valle de Ordiso. Superado este desnivel inicial, llegamos ya al fondo del **valle de Ordiso**, donde el camino pierde inclinación y es bastante común ver marmotas.

Avanzando por la senda principal, y siempre por la izquierda orográfica (en verano y épocas de sequía es probable que en este tramo no veamos nada de agua por la superficie), llegamos tras 2 h 10 min de marcha a la mallata de Ordiso, en ruinas. Estamos en el fondo del valle; tras la caseta vemos las cascadas que bajan del barranco de Ferreras. El retorno a **San Nicolás de Bujaruelo** lo realizamos por el mismo camino.

Cascadas del barranco de Ferreras

- **Inicio:** desde Torla seguimos hacia Ordesa y en el puente de los Navarros tomamos la pista hasta San Nicolás de Bujaruelo.
- **Duración:** 6 h 40 min (3 h 30 min ida + 3 h 10 min vuelta)
- **Subida acumulada:** 682 m

Tras las huellas de la prehistoria

Bajo las imponentes paredes del **Vignemale**, el gran señor del Pirineo, nace el **río Ara**, el último río salvaje del Pirineo. Sin embalses ni infraestructuras que entorpezcan su camino natural, recorre 70 km desde su cabecera hasta su final en Aínsa, donde se junta al curso del Cinca. Durante su recorrido transporta agua, sedimentos y nutrientes que ayudan a configurar el paisaje y los ecosistemas que va encontrando a lo largo del curso.

Es precisamente en este lugar mágico donde hace unos 4.500 años, en la edad de Bronce, los habitantes de estos parajes decidieron dejarnos a modo de legado una serie de círculos de piedras o *crómlechs* que construyeron con bloques de granito de la zona, que provenían de antiguas morrenas glaciares. El más evidente y mejor conservado consta de 33 testigos o piedras.

El trazado de esta ruta coincide con el GR 11; su señalización nos hará de guía.

Valle del Ara con el macizo de Vignemale

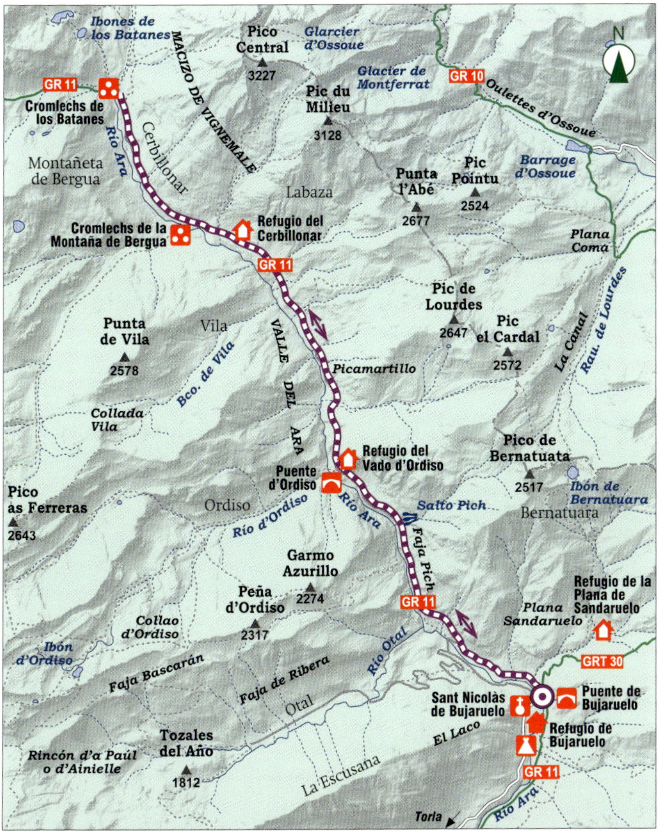

Ibones de
los Batanes

Pico
Central
3227

Glacier
d'Ossoue

Glacier de
Montferrat

GR 10 Oulettes d'Ossoue

N

MACIZO DE VIGNEMALE

Pic du
Milieu
3128

GR 11
Cromlechs de
los Batanes

Río Ara

Cerbillonar

Montañeta
de Bergua

Labaza

Punta
l'Abé
2677

Pic
Pointu
2524

Barrage
d'Ossoue

Plana
Coma

Cromlechs de la
Montaña de Bergua

Refugio del
Cerbillonar

GR 11

Pic de
Lourdes
2647

Pic
el Cardal
2572

La Canal

Rau. de Lourdes

Punta
de Vila
2578

Vila

VALLE DEL ARA

Bco. de Vila

Picamartillo

Collada
Vila

Refugio del
Vado d'Ordiso

Pico de
Bernatuata
2517

Ibón de
Bernatuara

Pico
as Ferreras
2643

Ordiso

Río d'Ordiso

Puente
d'Ordiso

Río Ara

Salto Pich

Bernatuara

Garmo
Azurillo

Peña
d'Ordiso
2317

2274

Faja Pich

Refugio de la
Plana de
Sandaruelo

GR 11

Plana
Sandaruelo

GRT 30

Collao
d'Ordiso

Ibón
d'Ordiso

Faja Bascarán

Faja de Ribera

Otal

Río Otal

Sant Nicolàs
de Bujaruelo

Puente de
Bujaruelo

Tozales
del Año
1812

El Laco

Refugio de
Bujaruelo

GR 11

Rincón d'a Paúl
o d'Ainielle

La Escusaña

Torla

Río Ara

Alto valle del Ara en la zona de los Batanes

La excursión ▼

Salimos del refugio de **San Nicolás de Bujaruelo** (1.338 m) y cruzamos el puente románico que se alza sobre el río Ara. Tras cruzarlo tomamos el camino señalizado hacia la izquierda.

Un agradable sendero junto al río nos lleva a una pista en las inmediaciones de **puente Oncins**. Tenemos dos opciones: seguir por la pista hacia la derecha o acortar por un sendero que nos encontramos de frente. Ambas nos conducen a la zona de **las Trapas**, donde un gran techo de roca nos cobija y nos invita a disfrutar de las vistas del **valle de Otal**. Reanudamos la marcha por la amplia pista boscosa, que nos conducirá al **refugio de Ordiso** (1.591 m), donde hay un redil para guardar ganado.

Siguiendo la señalización del GR 11, tomamos un sendero a la derecha que en continuado ascenso va ganando altura. Un gran paisaje se abre ante nosotros: dejamos atrás el bosque dando paso a los verdes prados, un pasto de altura de buena calidad. Si es primavera podemos disfrutar de una gran variedad floral, destacando el lirio azul (*Iris Latifolia*) y, como telón de fondo, las verticales paredes del **Vignemale o Comachibosa** se presentan ante nosotros para acompañarnos el resto del itinerario.

Tras cruzar algunos barrancos sin problema alguno, llegamos al **refugio del Cerbillonar**, punto base para la ascensión al Vignemale por la mítica ruta del corredor Moskowa (reservada solo a los montañeros más expertos).

Continuamos por la senda que va por el fondo del valle, a modo de gran planicie junto al río Ara, siempre por su izquierda orográfica. A la derecha aparece el valle que forma el barranco Espelús y el de Bacias. Lo ignoramos y continuamos por el valle principal, que ha labrado el río Ara y su glaciar hace 65.000 años.

Llegamos a una nueva confluencia de barrancos; seguimos teniendo a la derecha el que viene del Ara y a la izquierda el de los Batanes. En este punto tenemos que buscar los círculos de piedras; el principal está en el camino que asciende hacia el **collado de los Mulos**, a escasos metros del GR 11, a 2.020 m de altitud y tras 3 h 30 min de ruta. El retorno al refugio de San Nicolás de Bujaruelo será por el mismo camino, acompañando al río Ara por su izquierda orográfica.

Cromlech de los Batanes

Barranco Bacias

- **Inicio:** desde Torla seguimos hacia Ordesa y en el puente de los Navarros tomamos la pista hasta San Nicolás de Bujaruelo.
- **Duración:** 2 h 30 min
- **Subida acumulada:** 430 m

El embrujo de los tejos

En el valle de Bujaruelo, en una empinada ladera del barranco de Crapera, encontramos un bosque de gran interés paisajístico, natural y científico. Se trata de los taxos de Crapera (*taxo* es una palabra local que sirve para denominar al tejo), declarada Arboleda Singular por el Gobierno de Aragón en el año 2022. En esta arboleda se han contabilizado hasta 200 tejos de grandes dimensiones, siendo 11 de ellos de más de 4 m de perímetro, y al menos uno de 19 m de altura. Con estas características es fácil afirmar que nos encontramos frente a uno de los conjuntos de tejos más importantes de la península Ibérica.

Pero en el bosque de Crapera no solo hay tejos (*Taxus baccata L.*); estos comparten el espacio con magníficas hayas (*Fagus sylvatica L.*), de hasta 20 m de altura.

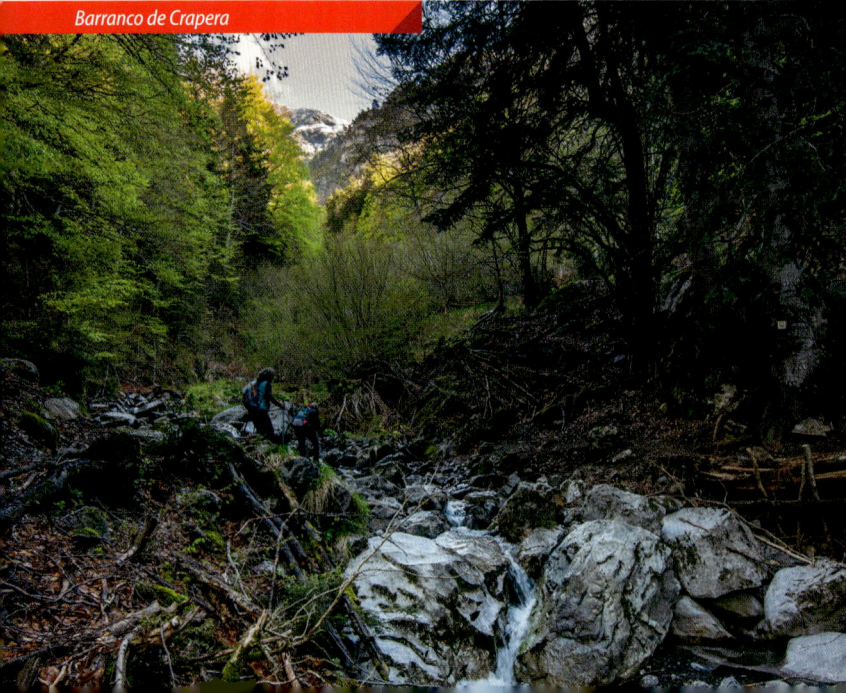

Barranco de Crapera

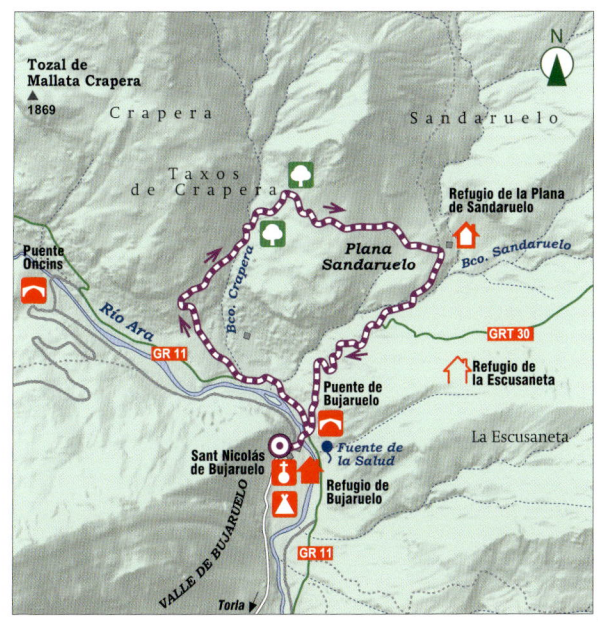

Bosque de tejos

Hayas y narcisos en el bosque de Crapera

La excursión ▼

Salimos del **refugio de San Nicolás de Bujaruelo** (1.338 m) y cruzamos el puente románico que se alza sobre el río Ara. A continuación tomamos el sendero GR 11 hacia la izquierda, y pasamos junto a un búnker de la conocida "línea P" (línea Pirineos). Avanzamos por la margen izquierda del río, por el fondo del valle entre prados y bojes. Cruzamos el **barranco de Sandaruelo** por un puente y continuamos hasta una bifurcación señalizada. Aquí dejamos a la izquierda el camino principal del valle (rutas 3, 4 y 5) y tomamos el desvío de la derecha, siguiendo las indicaciones "Tejos de Crapera 1,2 km". A partir de este momento seguiremos la señalización de la ruta, con estacas de madera y alguna señal en los árboles.

Atravesamos prados con boj y llegamos a la entrada de un bosque. El camino, delimitado por algunas cuerdas de uso ganadero, sigue por el interior de este bosque en continuado ascenso entre bojes, tejos, abetos y hayas. Llega un momento en que la senda se acerca al barranco; aquí hay que estar atentos a la señalización, puesto que llegamos a una bifurcación. Dejamos a la izquierda la senda ganadera y tomamos el camino de la derecha que avanza por la derecha orográfica del barranco de Crapera. El encajonado y agreste barranco llega un punto en que se abre, lugar donde lo atravesamos por unas piedras. Ya en la otra margen nos adentramos en la **Arboleda Singular de los tejos de Crapera**.

La senda va recorriendo sinuosamente toda la empinada ladera, conduciéndonos por ella y acercándonos a los ejemplares más espectaculares y curiosos de tejos. Nos llamarán la aten-

Plana Sandaruelo con los Gabietos al fondo

ción sus raíces, que a menudo abrazan piedras y se extienden de forma retorcida. También su tronco, formado por multitud de tubos o vástagos que engrosan su diámetro hasta alcanzar, en algunos de ellos, más de 4 m. Y su color rojizo, que destaca con el verde de sus suaves hojas, o el de sus frutos en otoño.

La senda, con tramos empinados y resbaladizos, está muy bien delimitada y nos muestra lo mejor del bosque. Al llegar a la parte alta de la ladera, y dejando atrás hayas y tejos, salimos a una zona de prados alpinos con magníficas vistas del valle de Otal, con el pico homónimo, y también del gigante Mondarruego. Unas pequeñas rampas entre prados nos llevan a un alto, donde aparecen grandes montañas como el pico Bernatuara, el pico Escusaneta y las empinadas paredes de la vertiente norte de los picos de Cabieto. Desde este punto se extiende a nuestros pies una sucesión de verdes prados, donde la floración de múltiples especies llena de color el paisaje.

Siguiendo las estacas de madera y los hitos atravesamos estos prados hasta alcanzar una senda transversal; es el camino de acceso al ibón de Bernatuara (ruta núm. 7). Tomamos dicho sendero a la derecha, pasamos junto al **refugio de la Plana de Sandaruelo**, y descendemos al **barranco de Sandaruelo**. Lo atravesamos por un puente y continuamos hasta alcanzar una gran torre eléctrica, donde nos incorporamos al sendero GRT 30, que asciende al puerto de Bujaruelo (ruta núm. 8). Tomamos dicho sendero hacia la derecha, y avanzando en acusado descenso llegamos al **puente de Bujaruelo** y al inicio de la ruta.

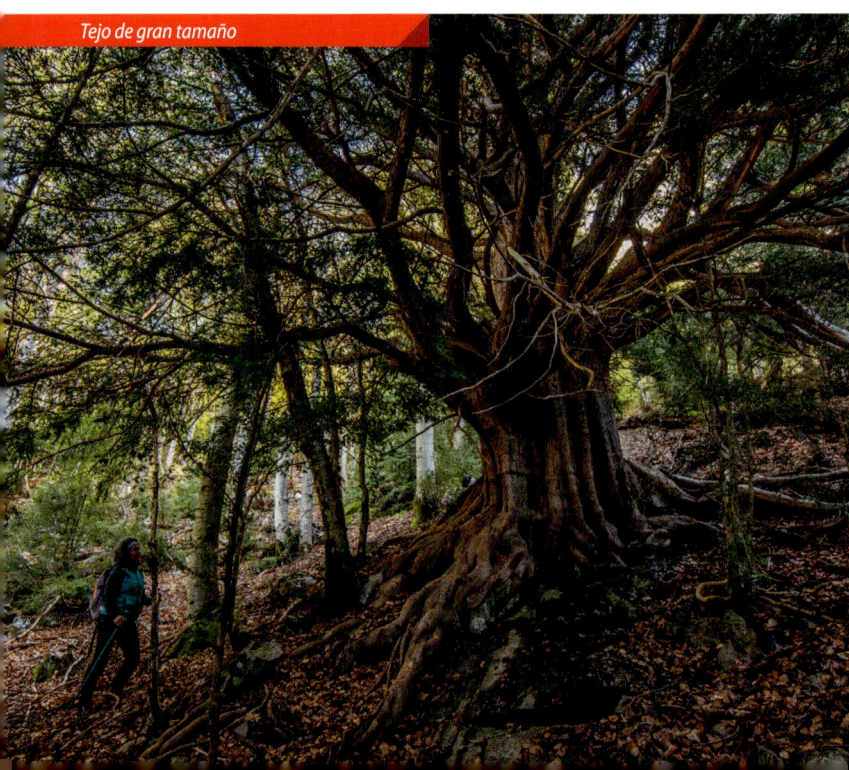

Tejo de gran tamaño

Valle de Otal desde el bosque de Crapera

- **Inicio:** desde Torla seguimos hacia Ordesa y en el puente de los Navarros tomamos la pista hasta San Nicolás de Bujaruelo.
- **Duración:** 6 h 10 min (3 h 30 min ida + 2 h 40 min vuelta)
- **Subida acumulada:** 975 m

El antiguo camino ganadero de la Bernatuara

La ruta que sigue esta excursión ha sido transitada por los habitantes del valle de Broto desde hace varios siglos. Vamos a andar por un antiguo camino ganadero testigo de un tratado que se remonta al año 1390 y que reúne a los ganaderos del valle de Broto y a los de Gedre-Gavarnie para el aprovechamiento de los pastos a ambos lados de la frontera. Así, cada año, a partir del 20 de julio, miles de cabezas de ganado bovino del valle de Broto pasan a tierras vecinas para pastar en sus verdes prados.

También destacamos la importancia paisajística y geológica del **ibón de Bernatuara**. Un lago escondido, de perímetro casi circular, excavado en distintos tipos de roca (pizarras, cuarcitas y calizas) formadas hace 400 millones de años. La acción posterior del hielo de la última glaciación hace 65.000 años ha sido el responsable de su formación.

Plana Sandaruelo

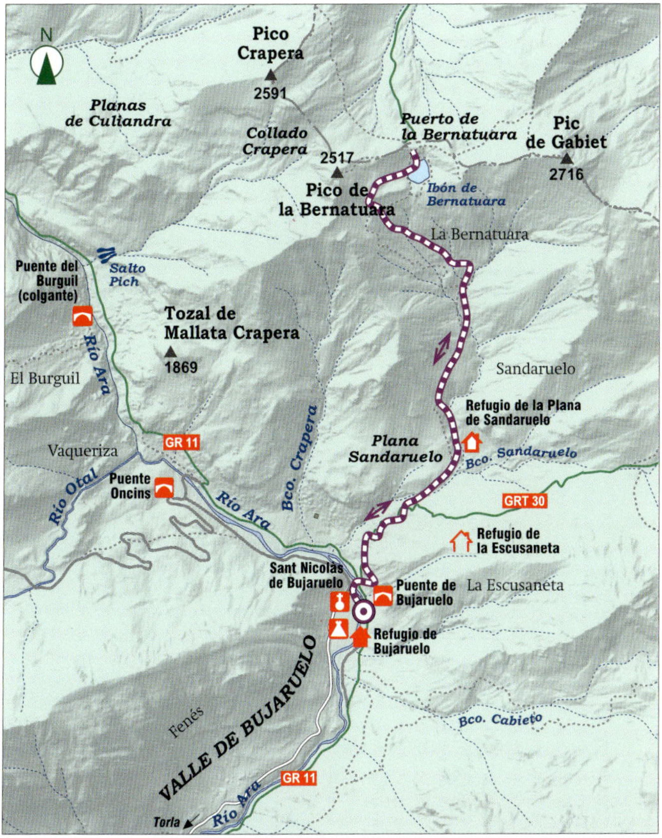

N

Pico Crapera
▲
2591

Planas de Culiandra

Collado Crapera
2517

Puerto de la Bernatuara

Pic de Gabiet
▲
2716

Pico de la Bernatuara

Ibón de Bernatuara

La Bernatuara

Salto Pich

Puente del Burguil (colgante)

Tozal de Mallata Crapera
▲
1869

Sandaruelo

El Burguil

Río Ara

Río Otal

Vaqueriza

GR 11

Puente Oncins

Río Ara

Bco. Crapera

Plana Sandaruelo

Refugio de la Plana de Sandaruelo

Bco. Sandaruelo

GRT 30

Refugio de la Escusaneta

Sant Nicolás de Bujaruelo

Puente de Bujaruelo

La Escusaneta

Refugio de Bujaruelo

Fenés

VALLE DE BUJARUELO

Bco. Cabieto

GR 11

Torla

Río Ara

Ibón de Bernatuara

Barranco de Bernatuara

La excursión ▼

Salimos del refugio de **San Nicolás de Bujaruelo** (1.338 m) y cruzamos el puente románico que se alza sobre el río Ara. Seguimos por el camino de frente que se dirige al **puerto de Bujaruelo**. Primero bojes y después abetos y tejos nos acompañan en esta primera acusada pendiente a modo de zigzag hasta llegar a una torre eléctrica. Dejamos el camino principal y a la izquierda del pilón sale el pequeño sendero, que tomamos. El vial, primero, llanea, pero rápidamente desciende al **barranco de Sandaruelo**, que cruzamos por donde podemos (antes había un puente, pero alguna riada se lo llevó). Seguimos por un sendero entre hayas que nos conduce a unos verdes prados con un refugio de pastores: es la **plana de Sandaruelo** (1.680 m). Desde aquí, girando la vista a la izquierda, podemos admirar una espléndida panorámica del vecino valle de Otal. Seguimos por el sendero balizado, en dirección N, por la derecha orográfica del **barranco de Bernatuara**. El camino asciende entre pinchudos erizones que en primavera ofrecen un colorido espectáculo con su vistoso amarillo. Tras unas rampas iniciales el camino llanea en la **Mallata de Bernatuara**. Al final de esta zona nos encontramos las frescas aguas del barranco de Bernatuara, que cruzamos sin dificultades. El camino se desdibuja un poco: varios senderos van a la par, cualquiera que sigamos será correcto. El camino, marcado con hitos, asciende ahora de forma muy acusada hasta llegar a una zona muy característica con un "valle colgado" donde encontramos unos grandes bloques de piedra. Bordeamos estos bloques por la izquierda y el camino gira en marcada dirección E-NE. Seguimos por una faja que nos llevará a un collado a 2.323 m. Aparece de repente ante nosotros el **ibón de Bernatuara**. Para alcanzar sus gélidas aguas debemos descender unos metros por rampas rocosas. El retorno al refugio de Bujaruelo será por el mismo camino. Si en el lago nos sobran fuerzas, podemos ascender al pico de Bernatuara. Bordeamos el lago por la izquierda y subimos al **puerto de Bernatuara** (2.339 m), ya en el lado francés. De aquí ascendemos por la loma fronteriza, marcada con hitos, hasta la cima del **pico de Bernatuara** (2.517 m). La ascensión y el regreso al lago supone un incremento de 1 h.

Camino de ascenso al ibón de Bernatuara

- **Inicio:** desde Torla seguimos hacia Ordesa y en el puente de los Navarros tomamos la pista hasta San Nicolás de Bujaruelo.
- **Duración:** 5 h 40 min (3 h 20 min ida + 2 h 20 min vuelta)
- **Subida acumulada:** 935 m

El camino a Francia

Esta ruta nos conduce a la divisoria con Francia, a 2.272 m. Tradicionalmente era la vía de comunicación entre los vecinos de Bujaruelo, Torla y el valle de Broto con los franceses de Gavarnie.

Curiosamente los franceses pueden llegar desde Gavarnie casi hasta el mismo punto en coche. A pesar de eso, la excursión bien merece la pena porque nos asomamos al valle vecino des Pouey d'Aspé, donde nos aguardan nuevos paisajes y nuevas montañas. Es un punto de referencia para ir hasta el refugio de Serradets y realizar la clásica excursión de la Brecha de Rolando o la ascensión al Taillón.

Otro aliciente de esta excursión es la imponente compañía que nos ofrecerán las vertiginosas caras norte de los Gabietos y del Taillón. Por ambos paredones encontramos difíciles rutas de ascenso para coronar sus cimas, solo reservadas para expertos alpinistas.

Puente románico de San Nicolás de Bujaruelo

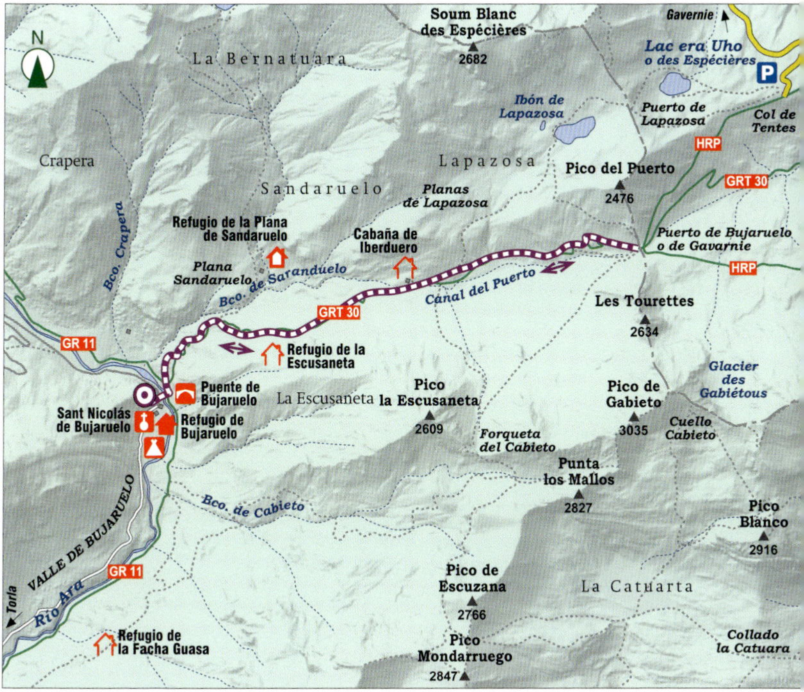

N

Soum Blanc
des Espécières
2682

Gavernie

Lac era Uho
o des Espécières

P

La Bernatuara

Ibón de
Lapazosa

Puerto de
Lapazosa

Col de
Tentes

Crapera

Lapazosa

HRP

Sandaruelo

Planas
de Lapazosa

Pico del Puerto
2476

GRT 30

Refugio de la Plana
de Sandaruelo

Cabaña de
Iberduero

Puerto de Bujaruelo
o de Gavarnie

Plana
Sandaruelo

Bco. de Saranduelo

Canal del Puerto

HRP

GRT 30

Les Tourettes
2634

GR 11

Refugio de la
Escusaneta

Glacier
des
Gabiétous

Puente de
Bujaruelo

La Escusaneta

Pico
la Escusaneta
2609

Pico de
Gabieto
3035

Cuello
Cabieto

Sant Nicolás
de Bujaruelo

Refugio de
Bujaruelo

Forqueta
del Cabieto

Bco. de Cabieto

Punta
los Mallos
2827

Pico
Blanco
2916

VALLE DE BUJARUELO

GR 11

Pico de
Escuzana
2766

La Catuarta

Río Ara

Torla

Refugio de
la Facha Guasa

Pico
Mondarruego
2847

Collado
la Catuara

Ascensión al puerto de Bujaruelo o de Gavarnie

La excursión ▼

Salimos del refugio de **San Nicolás de Bujaruelo** (1.338 m) y cruzamos el puente románico que se alza sobre las gélidas aguas el río Ara. Tras cruzarlo seguimos de frente por el camino señalizado como GR-T 30, que se dirige al puerto de Bujaruelo.

Primero bojes y después abetos y tejos nos acompañan en esta primera acusada pendiente a modo de zigzag hasta llegar a una torre eléctrica. A partir de este punto el bosque queda atrás, dando paso a un terreno áspero donde tendremos que superar fuertes pendientes entre tasca y piedra suelta.

El sendero, que nos hace avanzar hacia el E-NE, está muy marcado y no presenta ninguna posibilidad de pérdida.

Al llegar a la cota 2.000, la pendiente del camino se suaviza, dando paso a una gran plana herbosa donde encontramos un pequeño refugio de hormigón. Se trata de la **cabaña de Eléctricas**. Tras 2 h 40 min de marcha, verdes prados nos obsequian con coloridas florecillas los meses de primavera y verano: son el tapiz de este rincón pirenaico. Junto a la cabaña de Eléctricas cruzamos el barranco del Puerto y nos situamos a la derecha orográfica del mismo, por donde iremos progresando. La pendiente en este tramo es muy suave y el lugar, muy agradable.

Pronto encontramos a nuestra izquierda un camino que conduce al lago de Lapazosa. Lo ignoramos y continuamos por el camino principal, el GR-T 30, hacia el puerto de Bujaruelo. Siguiendo por este amable tramo, cruzamos el barranco de Lapazosa y pronto el terreno cambia su inclinación. Al fondo, poco a poco ya vamos reconociendo nuestro objetivo.

Ahora, un nuevo camino con acusadas pendientes herbosas será el responsable de conducirnos al **puerto de Bujaruelo** o Gavarnie.

Después de disfrutar de unas espectaculares vistas a ambos lados de la divisoria fronteriza, podemos iniciar el retorno al **refugio de Bujaruelo**. Será por el mismo camino.

Ascensión al puerto de Gavarnie con los valles de Bujaruelo y Otal al fondo

Río Ara

- <u>**Inicio:**</u> Torla
- <u>**Duración:**</u> 4 h 30 min
- <u>**Subida acumulada:**</u> 420 m

Naturaleza en estado puro

Esta ruta nos permite llegar a la concurrida **pradera de Ordesa** disfrutando de una naturaleza pura, salvaje, lejos de las aglomeraciones. Siguiendo las aguas bravas del río Ara primero y Arazas después nos sumergimos en un mundo de soledad, donde disfrutar del canto de carboneros, herrerillos y reyezuelos será un autentico placer. Un entorno boscoso de gran interés paisajístico, natural y científico.

La excursión ▼

Desde **Torla**, junto al hotel Bellavista, una senda señalizada que transcurre por camino empedrado, nos conduce al río Ara. Lo cruzamos por el **puente de la Glera**, de origen medieval, y continuamos a la izquierda por un amplio camino, señalizado como "Ordesa por Turieto. Senda Peatonal". El vial, que llanea cerca del Ara, transcurre entre sauces, chopos, avellanos y abedules. Dejamos a la de-

Puente de Ordesa y Tozal del Mallo

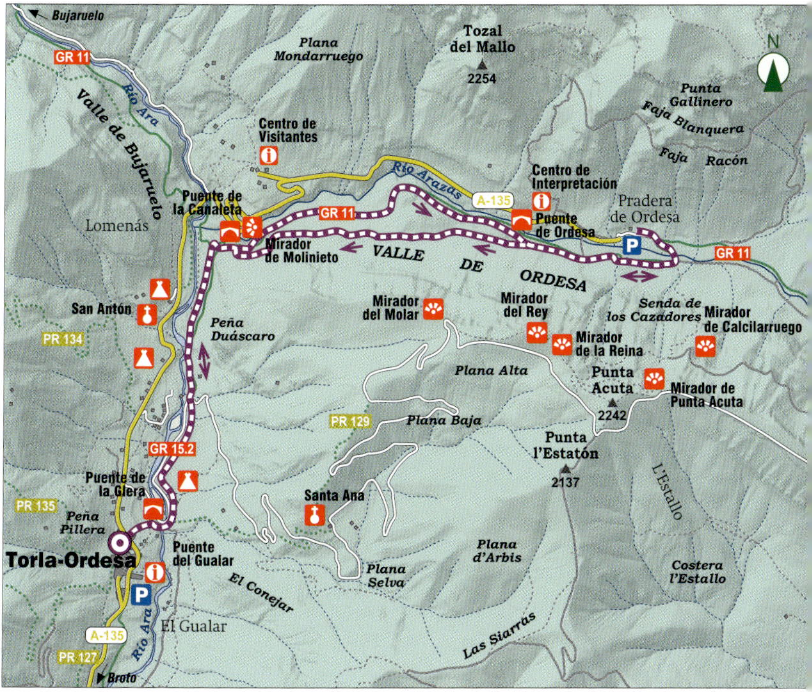

Bujaruelo

GR 11

Valle de Bujaruelo

Río Ara

Plana Mondarruego

Tozal del Mallo
2254

Punta Gallinero

Faja Blanquera

Faja   Racón

N

Centro de Visitantes

Río Arazas

Centro de Interpretación

Pradera de Ordesa

A-135

Puente de la Canaleta

Lomenás

GR 11

Mirador de Molinieto

Puente de Ordesa

P

GR 11

VALLE   DE   ORDESA

San Antón

PR 134

Peña Duáscaro

Mirador del Molar

Mirador del Rey

Mirador de la Reina

Senda de los Cazadores

Mirador de Calcilarruego

Plana Alta

Punta Acuta
2242

Mirador de Punta Acuta

GR 15.2

Puente de la Glera

PR 129

Plana Baja

Punta l'Estatón
2137

L'Estallo

PR 135

Peña Pillera

Torla-Ordesa

Puente del Gualar

Santa Ana

Plana Selva

Plana d'Arbis

Costera l'Estallo

P

A-135

Río Ara

El Conejar

El Gualar

Las Siarras

PR 127

Broto

Bosque de Turieto Alto

recha la pista que sube a la sierra de las Cutas y continuamos hasta encontrar, a la izquierda, un desvío que conduce al sector de los tres puentes, sobre el río Ara. Un cartel indica "carretera Torla-Ordesa", y es que si lo deseamos esta ruta la podemos iniciar en las inmediaciones del camping San Antón, tomando un camino señalizado que sale de la carretera y va a parar a estos puentes.

Seguimos por el sendero con Peña Duáscaro a la derecha, y llegamos a una bifurcación. Ignoramos el camino que conduce al **puente de los Navarros**, y continuamos por el sendero de la derecha, adentrándonos en el territorio del Parque Nacional de Ordesa y Monte Perdido. La senda asciende entre pinos y bojes, buscando ahora las aguas bravas del río Arazas.

Tras 5 min desde la entrada al Parque Nacional, alcanzamos una bifurcación. Hacia la derecha marcha el camino de Turieto Alto, por donde regresaremos;

Cascada de Molinieto

seguimos por el ramal de la izquierda, por **Turieto Bajo** (GR 11). Llegamos a un tramo más abierto, donde el camino presenta un gran precipicio a la izquierda, protegido por una gran valla de piedra. Este punto es un excelente mirador sobre el Mondarruego, el cañón que el río Ara ha excavado para salir del valle de Bujaruelo formando el estrecho de los Navarros, y a nuestros pies el cañón que va labrando día a día el río Arazas formando cascadas tan bellas como la de **Molinieto**, justo bajo nuestro.

Continuamos por húmedos y frondosos bosques de pinos, abetos, hayas y arces, con sotobosques musgosos y piedras en las que podemos encontrar la preciada oreja de oso.

Pasamos junto a un refugio de troncos y más adelante encontramos a la izquierda un desvío para acercarnos a la **cascada de Tamborrotera**, presidida por la pared inconfundible del Tozal de Mallo. Tras la agradable visita volvemos al camino para continuar hasta la próxima cascada, la de **los Abetos**. Retornamos al sendero y disfrutando del bonito hayedo llegamos a otro desvío, a la izquierda, que nos conduce al **puente de Ordesa** y al monumento de Lucien Briet; su visita es recomendable. De nuevo en la senda principal, avanzamos junto al río, con unas buenas vistas del Tozal del Mallo, el Gallinero, la Fraucata… Ya estamos en Ordesa. Dejamos a la izquierda el **puente del Fresno** y seguimos avanzando por la llanura de inundación del Arazas. Encontramos a la derecha el desvío a Turieto Alto, donde regresaremos más tarde. Ahora continuamos por el fondo del valle, rodeados de altísimas y escarpadas paredes, hasta el puente de los Cazadores; lo cruzamos y avanzamos hasta la pradera de Ordesa.

Para regresar a **Torla** deshacemos este último tramo de camino hasta el desvío de **Turieto Alto**. Lo tomamos y un pequeño tramo de ascenso nos adentra en un magnífico hayedo abetal. Este bosque, que va por la umbría, presenta en el suelo muchos árboles caídos, otros muertos con agujeros, rocas, musgo… un claro ejemplo de bosque maduro que sigue su dinámica natural. Un tramo de camino sin apenas desnivel nos permitirá gozar del esplendor del bosque, siendo el último un tramo de acusado descenso hasta alcanzar la **bifurcación de los dos Turietos**. Aquí tomamos el sendero de la izquierda, que nos conduce a **Torla** por el itinerario de ida.

Bosque de Turieto Alto

10 Ruta de las cascadas de Ordesa

- **Inicio:** desde Torla a la pradera de Ordesa (obligatorio ir en bus desde el centro de visitantes y punto de información de Torla en verano, Semana Santa y algunos puentes).

- **Duración:** 3 h

- **Subida acumulada:** 200 m

La belleza del agua

Esta sencilla excursión por el **valle de Ordesa** nos descubre rincones bellísimos del Parque Nacional y nos ilustra de forma muy estética el poder de erosión que ejerce el río Arazas a su paso por el valle, esculpiéndolo contundentemente y formando cascadas de gran belleza.

Pasear por los espléndidos hayedos, descubrir el **circo de Cotatuero** y sentir la verticalidad de las paredes que forman este valle son otros atractivos que hacen imprescindible esta ruta para todo tipo de familias.

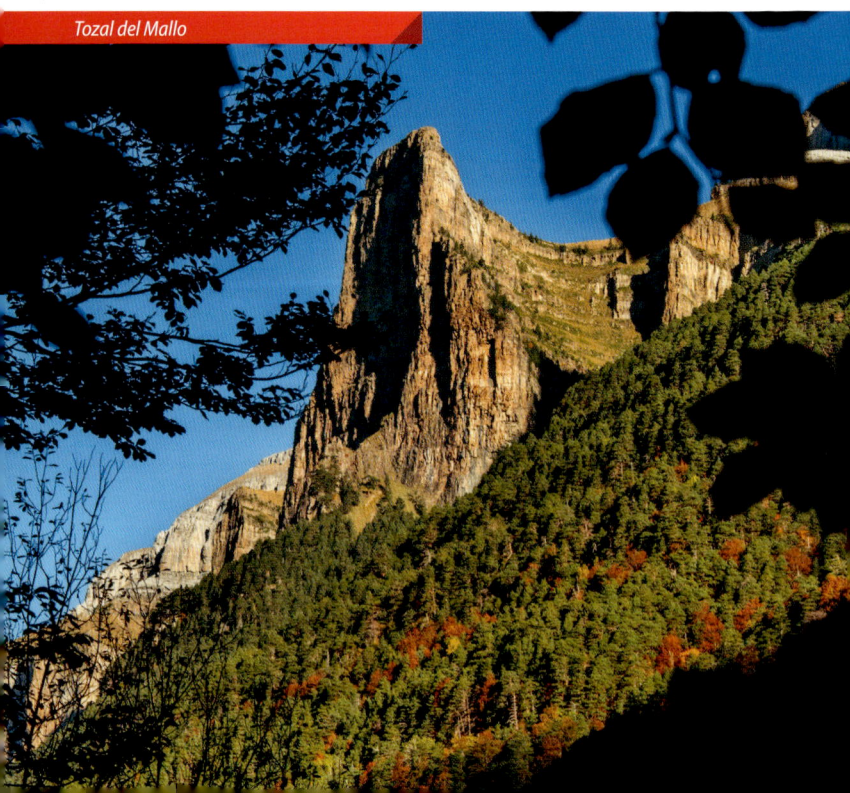

Tozal del Mallo

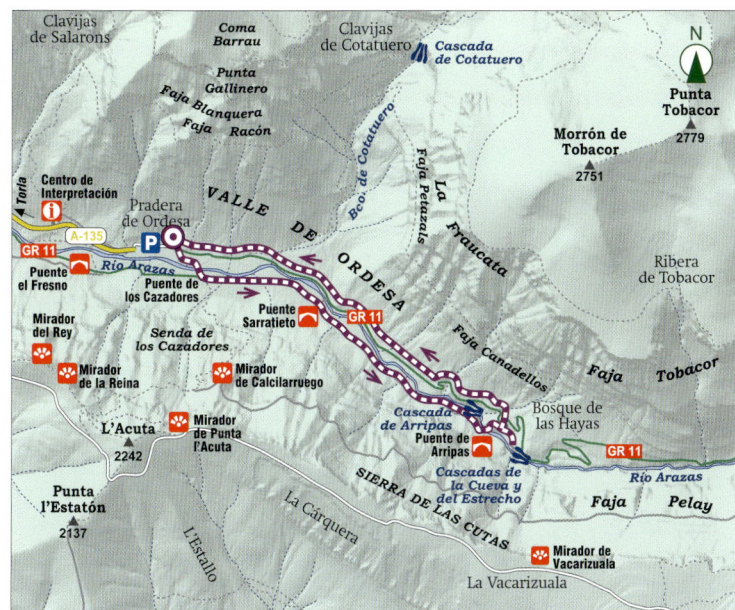

La excursión ▼

Iniciamos la ruta en la **pradera de Ordesa**, donde tomamos el camino de la derecha, coincidente con el sendero accesible de Ordesa. A los pocos metros cruzamos el río Arazas por el **puente de los Cazadores** y continuamos por el sendero accesible, a la izquierda, dejando atrás la senda de los Cazadores (itinerario 15) y el camino de Turieto (itinerario 8). Avanzamos junto al río Arazas, remontando su cauce por la izquierda orográfica. Un agradable paseo por el delicioso hayedo nos conduce hasta un mirador del **circo de Cotatuero**. Tras dicha observación retrocedemos unos

Río Arazas y paredes del cañón de Ordesa

Otoño en la cascada de la Cueva

metros y continuamos por el sendero que sale a la izquierda, dejando ya el camino accesible. Este vial, que transcurre en un ambiente forestal variado, se transforma en un camino más amplio, con un murete de piedra a la derecha. El bosque cambia y la presencia de abetos nos conduce al **mirador de los Bucardos**, ubicado tras un pequeño sendero señalizado a la izquierda. Desde este mirador, situado sobre el río Arazas, podemos admirar el cañón de Ordesa hacia el O, con las imponentes murallas calcáreas del Tozal del Mallo y el Gallinero.

Volvemos al camino principal e inmediatamente cruzamos el río Arazas por el **puente de Arripas**. A partir de aquí el amplio camino asciende acusadamente con un cómodo trazado de grandes curvas. En una de estas curvas a la izquierda encontramos un desvío a la derecha que nos conduce a los miradores de las cascadas. Tras tomar esta senda y avanzar unos 25 m, hay una bifurcación. El sendero de la derecha nos lleva hasta la **cascada de la Cueva** y el de la izquierda a la **cascada del Estrecho**. Tras visitarlas regresamos al camino principal, que tomamos a la derecha y nos conduce a una amplia pista. Tomamos este concurrido vial hacia la izquierda, iniciando el retorno hasta la **pradera de Ordesa** por la derecha orográfica del Arazas.

En una marcada curva encontramos, a la derecha, la **fuente de Arripas**, y unos metros más adelante, en la siguiente curvatura del recorrido, el mirador sobre la **cascada de Arripas**. Al verla con más perspectiva y amplitud que el resto podemos reflexionar sobre el poder del agua en estos terrenos calcáreos. Lo que antaño estaba dominado por un modelado glaciar (como en el circo de Soaso), el río ha aprovechado el trabajo hecho y ha seguido excavando el terreno dando lugar a un modelado fluvial, con cañones fluvio cársticos, cascadas, remansos, badinas…

Reanudamos la marcha por la amplia pista que nos conduce hasta la **pradera de Ordesa**, dejando a la izquierda el puente de Sarratieto y a la derecha el desvío de Cotatuero.

Cascada del Estrecho en invierno

11 Cola de Caballo

- **Inicio:** desde Torla a la pradera de Ordesa (obligatorio ir en bus desde el centro de visitantes y punto de información de Torla en verano, Semana Santa, y algunos puentes).
- **Duración:** 6 h (3 h 20 min ida, 2 h 40 min vuelta)
- **Subida acumulada:** 450 m

La gran clásica de Ordesa

Sin duda se trata de la excursión más popular del **valle de Ordesa**. Y cierto es que posee muchos puntos de atracción que despertarán nuestro interés: la soberbia de los bosques de abetos y hayas, la formaciones de las caprichosas cascadas que esculpe el río Arazas a su paso, el espectacular anfiteatro que nos muestra el circo de Soaso, presidido por las Tres Sorores, el incesante cantar de los pájaros del parque… Puntos de interés para satisfacer todos los gustos.

Circo de Soaso

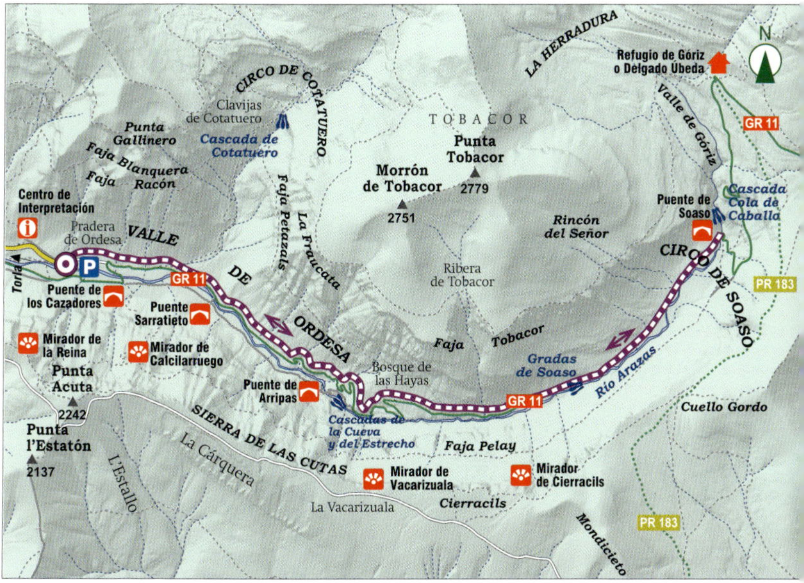

LA HERRADURA

Refugio de Góriz
o Delgado Úbeda

N

CIRCO DE COTATUERO

Clavijas
de Cotatuero

TOBACOR

Valle de Góriz

GR 11

Punta
Gallinero

Cascada de
Cotatuero

Punta
Tobacor

Cascada
Cola de
Caballa

Faja Blanquera
Racón
Faja

Morrón
de Tobacor

2779

Puente de
Soaso

Centro de
Interpretación

Pradera
de Ordesa

VALLE

Rincón
del Señor

CIRCO DE SOASO

PR 183

Puente de
los Cazadores

P

GR 11

DE

Ribera
de Tobacor

2751

La Fraucata

Faja Pelazzas

Puente
Sarratieto

ORDESA

Faja

Tobacor

Mirador de
la Reina

Mirador de
Calcilarruego

Bosque de
las Hayas

Gradas
de Soaso

Río Arazas

Punta
Acuta

Puente de
Arripas

GR 11

Cuello Gordo

2242

Cascadas de
la Cueva
y del Estrecho

Punta
l'Estatón

SIERRA DE LAS CUTAS

Faja Pelay

2137

La Cárquera

L'Estallo

Mirador de
Vacarizuala

Mirador
de Cierracils

La Vacarizuala

Cierracils

PR 183

Mondicieto

Gradas de Soaso

La excursión

Iniciamos la ruta en la **pradera de Ordesa** y tomamos la pista principal debidamente señalizada que se dirige al circo de Soaso y a la famosa cascada de Cola de Caballo. El fondo del valle de Ordesa, tapizado de gran variedad de árboles (hayas, bojes, fresnos, abetos…), nos ofrece agradables sensaciones.

Tras 10 min de marcha llegamos a un pilarete de la Virgen del Pilar donde se encuentra el desvío a Cotatuero. Lo ignoramos y continuamos por la pista principal que recorre el fondo del valle por la derecha orográfica del río Arazas. Este río va esculpiendo el valle formando una serie de vistosas cascadas, que podemos visitar.

Cascada de Cola de Caballo

Río Arazas y Punta Gallinero

Cañón de Ordesa en otoño

En primer lugar, en una revuelta de la pista, encontramos el mirador de la **cascada de Arripas**, junto a una fuente. Seguimos por el camino principal y encontramos un desvío a la derecha que conduce a las **cascadas de la Cueva** y **del Estrecho** y también al camino que hay al otro lado de río Arazas (ver itinerario 9). Las visitamos si queremos y regresamos al camino principal para seguir nuestro itinerario.

Continuando por el camino principal pasamos por la zona del magnífico **bosque de las Hayas**, donde encontramos un pequeño abrigo de troncos.

Tras 2 h de camino llegamos a la **cueva Frachinal**, un abrigo en la roca bajo las paredes del Tobacor que nos invita a un respiro. A partir de aquí el camino va llaneando más, incluso desciende un poco. El bosque va desapareciendo poco a poco dando paso a prados de montaña. Llegados a la **Ribereta de Arazas**, donde hay otro pequeño abrigo de troncos, la pista desaparece y se convierte en un sendero muy transitado que no ofrece posibilidad de pérdida alguna.

El camino inicia un ascenso que nos conduce a las **Gradas de Soaso**, unos escalones de roca por los que baja el río Arazas formando un bonito y armonioso conjunto de cascadas. Estas cascadas se forman por la alternancia de capas de rocas duras y otras de más blandas que ofrecen distinta resistencia a la erosión. Continuamos en marcado ascenso hasta llegar a la gran llanura de **Soaso**. Aquí podemos observar la forma característica de valle en forma de U, fruto de la acción de los glaciares que ocuparon estos parajes hace 65.000 años. Un gran anfiteatro natural se abre ante nosotros: por el fondo del circo una gran llanura con serpenteantes cursos de agua, a los laterales escarpadas paredes calizas y como telón de fondo la inigualable silueta de **las Tres Sorores** (Monte Perdido, Cilindro de Marboré y Soum de Ramond).

Seguimos hasta el final de esta gran planicie, por camino bien marcado y con los sentidos atentos para poder descubrir la morada de algún sarrio o marmota.

Llegamos a la **Cola de Caballo**, una bonita cascada que proviene de un manantial kárstico y que se ha convertido en el lugar más visitado de todo el Parque Nacional. El retorno a la pradera lo realizaremos por el mismo camino.

Lilium pyrenaicum

- **Inicio:** desde Torla a la pradera de Ordesa (obligatorio ir en bus desde el Centro de Visitantes y punto de información de Torla en verano y Semana Santa). Desde Nerín a Cierracils con Monte Perdido Bus.

- **Duración:** 2 h desde la Cola de Caballo (5 h 20 min desde la pradera de Ordesa, solo ida). 2 h desde Cierracils (solo ida)

- **Subida acumulada:** 450 m desde la Cola de Caballo (900 m desde la pradera de Ordesa). 200 m desde Cierracils

El refugio de los montañeros

El refugio de Góriz está situado a 2.200 m. Dispone de 80 plazas de alojamiento en dormitorios compartidos y zona de acampada para 90 personas, servicio de desayuno, comida, cena y picnic, bar, aseos y duchas. Es el punto base de excursiones tan clásicas como la ascensión al Monte Perdido, al Cilindro, al Taillón o la ruta hasta la Brecha de Rolando. Para reservar plaza hay que dirigirse a *www.goriz.es* o bien llamar al teléfono 974 34 12 01.

Refugio de Góriz y su entorno

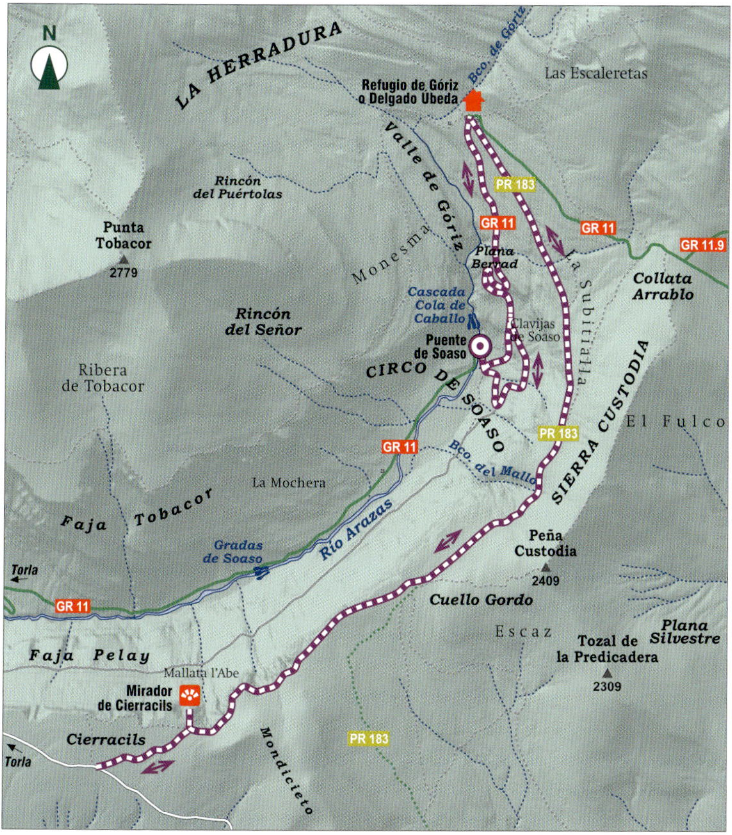

LA HERRADURA

N

Bco. de Góriz

Refugio de Góriz
o Delgado Ubeda

Las Escaleretas

Valle de Góriz

Rincón
del Puértolas

PR 183

Monesma

GR 11

GR 11

GR 11.9

Punta
Tobacor
2779

Plana
Bernad

Collata
Arrablo

Rincón
del Señor

Cascada
Cola de
Caballo

Clavijas
de Soaso

La Subitialla

Sierra Custodia

El Fulco

Puente
de Soaso

Ribera
de Tobacor

CIRCO DE SOASO

PR 183

GR 11

Bco. del Mallo

Faja Tobacor

La Mochera

Río Arazas

Peña
Custodia
2409

Gradas
de Soaso

Torla

Cuello Gordo

GR 11

Escaz

Tozal de
la Predicadera
2309

Plana
Silvestre

Faja Pelay

Mallata l'Abe

Mirador
de Cierracils

PR 183

Mondicieto

Cierracils

Torla

Circo de Soaso y macizo de Tres Serols desde Cierracils

La excursión ▼

Al **refugio de Góriz** podemos llegar desde varios lugares. Aquí describimos su acceso desde el valle de Ordesa (final ruta núm. 11) y desde Cierracils, a los pies del Mondicieto (acceso desde Nerín).

Desde el valle de Ordesa

De la pradera de Ordesa seguimos el itinerario núm.11 hasta la cascada de la **Cola de Caballo** y cruzamos el río Arazas por un puente metálico. A partir de aquí tenemos dos opciones para continuar:

Opción 1. Clavijas de Soaso: Tomamos el sendero que sale hacia la izquierda y que supera una pendiente muy pronunciada por terreno pedregoso. Se dirige a la base de un característico extraplomo rocoso. El camino desaparece justo al llegar a la roca; a partir de ese momento tendremos que trepar por la misma, ayudándonos de unas instalaciones de clavijas y cadenas. Una vez superado el tramo equipado tenemos que seguir trepando unos metros hasta llegar a una zona más amable, por encima de este resalte rocoso.

Esta opción es la más recomendable y segura en los meses de invierno. El resto del año da igual, aunque tenemos que ser ágiles y estar acostumbrados a este tipo de dificultades para poder superar el paso de las clavijas con seguridad.

Una vez culminado este tramo continuamos por el sendero hacia el norte, que rápidamente se junta con el que viene de las Zetas.

Opción 2. Camino de las Zetas: Seguimos el sendero que sale del puente, ignoramos el desvío de las clavijas y continuamos hasta la intersección con el camino de la faja Pelay. Tomamos el

Valle de Ordesa

sendero de la izquierda que asciende a modo de zigzag por la ladera pedregosa y que nos conduce a la parte alta del circo. Llegados a este punto, el camino gira marcadamente hacia el norte y llaneando hace una travesía hasta enlazar con el camino que asciende por las clavijas. Este tramo está muy expuesto a las avalanchas en invierno; por este motivo solo es aconsejable en los meses de estío.

Una vez se han unido los dos senderos continuamos por el marcado camino (GR 11). Una consecución de grandes lazadas nos ayudará a ganar altura con comodidad. Al paso encontramos prados, llanos y al final una zona de piedra caliza que nos conduce al refugio de Góriz.

Desde Cierracils

Iniciamos la marcha en la parada de fin de trayecto del autobús de Nerín, en Cierracils. Por un camino de tasca, que se dirige a la divisoria, alcanzamos el mirador de Cierracils, con vistas espectaculares sobre el valle de Ordesa y sus cumbres. Tras su visita tomamos el sendero que se dirige hacia el este y que avanza por la faja de Cierracils hasta Cuello Gordo; en este tramo hay tres pasos algo expuestos, que pueden ser peligrosos en caso de fuertes lluvias o nieve. Para evitarlos podemos tomar un camino alternativo que avanza por la misma ladera, pero unos metros más arriba.

Llegamos al amplio collado de Cuello Gordo, donde se nos une el sendero PR 183, el cual continuaremos hasta el refugio de Góriz. La senda avanza a media ladera por debajo del cordal de la sierra Custodia y al llegar a la altura del circo de Soaso gira a la izquierda, dirigiéndose hacia el noroeste por terreno bastante llano hasta Góriz.

Clavijas de Soaso

13   Faja Racón

- •··· **Inicio:** desde Torla a la pradera de Ordesa (obligatorio ir en bus desde el Centro de Visitantes y punto de información de Torla en verano y Semana Santa).

- **Duración:** 4 h 30 min

- ▲ **Subida acumulada:** 600 m

Bajo enormes murallas pétreas

El **valle de Ordesa** es un lugar muy especial, único, donde podemos disfrutar de la fuerte presencia de la naturaleza en estado puro. Sus paisajes, su flora, fauna, geología… un conjunto armónico que llena nuestros sentidos. Es precisamente en rutas como esta en las que podemos disfrutar plenamente de todos estos estímulos; se trata de un itinerario poco concurrido que nos regala una sensación de soledad deliciosa.

Podremos admirar el perfecto valle desde lo alto, sentir la verticalidad de sus grandes paredes calcáreas, perder la vista en el cielo siguiendo el vuelo de águilas, buitres y quebrantahuesos, disfrutar de las coloridas floraciones de erizones y lirios pirenaicos. También gozar con la variedad forestal de pinos, hayas y abedules, hábitat natural de pajarillos como el carbonero garrapinos, petirrojos y piquituertos.

Tozal del Mallo y Carriata

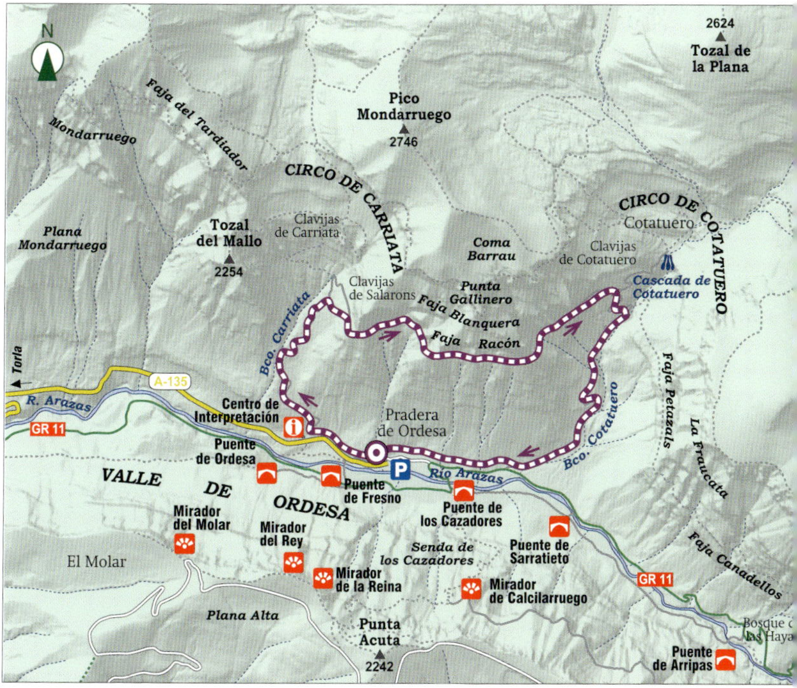

N

2624
Tozal de
la Plana

Mondarruego

Faja del Tardiador

Pico
Mondarruego
2746

CIRCO DE CARRIATA

CIRCO DE COTATUERO
Cotatuero

Plana
Mondarruego

Tozal
del Mallo
2254

Clavijas
de Carriata

Coma
Barrau

Clavijas
de Cotatuero

Cascada de
Cotatuero

Bco. Carriata

Clavijas
de Salarons

Punta
Gallinero

Faja Blanquera

Faja
Racón

Toria

R. Arazas

A-135

Centro de
Interpretación

Pradera
de Ordesa

Bco. Cotatuero

Faja Petazals

La Fraucata

GR 11

Puente
de Ordesa

VALLE DE ORDESA

Puente
de Fresno

P

Río Arazas

Faja Canadellos

Mirador
del Molar

Mirador
del Rey

Puente de
los Cazadores

Puente de
Sarratieto

El Molar

Mirador
de la Reina

Senda de
los Cazadores

Mirador
de Calcilarruego

GR 11

Bosque de
la Haya

Plana Alta

Punta
Acuta
2242

Puente
de Arripas

La excursión ▼

Salimos del **aparcamiento de la pradera de Ordesa** por su extremo oeste, siguiendo un sendero con señalización a la **faja Racón**. Avanzamos por un bosque mixto y llegamos a una bifurcación, donde continuamos por el camino de la derecha. Más adelante, después de cruzar un prado, encontramos otra bifurcación; de nuevo tomamos el vial de la derecha hasta alcanzar una tercera bifurcación. Tomamos el sendero a la derecha, hacia el circo de Carriata y la faja Racón, ascendiendo en continuo zigzag para ganar altura por un magnífico bosque de pino silvestre, boj, acebo y alguna haya. Pasando cerca del **barranco de Carriata** llegamos a un abrigo de troncos, lugar ideal para reposar un rato o refugiarse en caso de climatología adversa. Continuamos el ascenso por la serpenteante y empinada senda.

Pronto el bosque da paso a una pinchuda alfombra de erizón, de colorida floración al entrar el verano. La presencia de las verticales paredes del Tozal del Mallo nos dan la bienvenida, objetivo de grandes y numerosos escaladores que vienen de todas partes para ascender por su característica proa.

Tras 1 h 30 min de caminata llegamos a un desvío; dejamos a la izquierda el camino que asciende por las clavijas de Salarons y tomamos el de la derecha, que se dirige a Cotatuero.

Siguiendo una marcada dirección este-sureste, el camino sigue ascendiendo unos metros más hasta llegar a la cota 1920 m, donde empieza propiamente la **faja Racón**.

El camino transcurre horizontalmente por la base de este gran gigante de roca calcárea, el pico Gallinero, ofreciéndonos unas impresionantes vistas panorámicas sobre el valle de Ordesa.

Llegamos a un extraplomo (cueva situado en la base de las paredes del "libro abierto"), la **cueva Gabarda**. Esta zona, junto con los adyacentes Espolón de Primavera, Tridente, Pilar de Cotatuero y pared de la Cascada, son objetivo también de numerosas cordadas que desafían la verticalidad de sus paredes.

Llegados al final de la faja Racón encontramos una bifurcación; el camino de la izquierda conduce a las clavijas de

Faja Racón y cascada de Cotatuero

Cotatuero y el de la derecha al **puente de Cotatuero**. Tomamos este último y descendemos por un magnífico hayedo hasta un pequeño refugio de troncos. Situados en esta caseta debemos tomar el sendero de la derecha que desciende por el hayedo, junto al **barranco de Co-** **tatuero**, y nos conduce directamente al camino principal del valle de Ordesa, a la altura de un pilarete de la Virgen del Pilar.

Tomamos la pista hacia la derecha y en 10 min regresamos a la **pradera de Ordesa**.

Faja Racón

- ●··· **Inicio:** desde Torla a la pradera de Ordesa (obligatorio ir en bus desde el Centro de Visitantes y punto de información de Torla en verano y Semana Santa).
- ☕ **Duración:** 4 h 20 min
- ▲ **Subida acumulada:** 440 m

Las fajas escondidas

Poder admirar el **valle de Ordesa** desde lo alto, sentir la verticalidad extrema de sus farallones calcáreos, empaparse de naturaleza… son algunos de los placeres que nos ofrece esta ruta. Con ella conoceremos el **circo de Cotatuero**, conocido por su impresionante cascada de 200 m de caída vertical y sus míticas clavijas: 46 anclajes de hierro que, junto a un cable, son de gran ayuda a los montañeros que quieren superar el resalte rocoso para acceder a la parte alta del valle de Cotatuero.

Avanzando por las dos fajas que rodean **la Fraucata** con estéticos pasos de altura esculpidos en la roca (que no ofrecen peligro para los excursionistas pero sí un gran placer) llegamos al **bosque de las Hayas**, que nos envuelve en su mágica atmósfera.

Punta Gallinero desde faja Canadellos

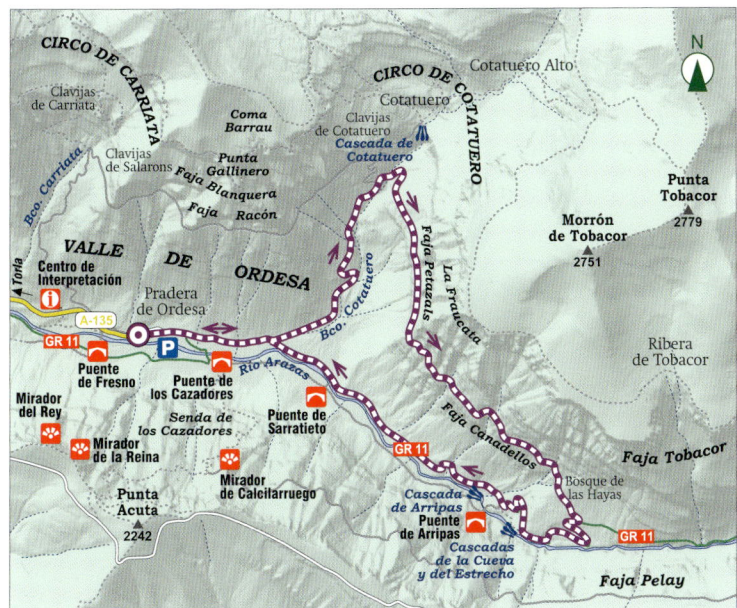

La excursión ▼

Iniciamos la ruta en la **pradera de Ordesa** y tomamos la pista principal, que se dirige a la famosa cascada de Cola de Caballo. El fondo del valle de Ordesa, tapizado de gran variedad de árboles, como hayas, bojes, fresnos y abetos, nos ofrece agradables sensaciones.

Tras 10 min de marcha, llegamos a un pilarete de la **Virgen del Pilar** donde

Sarrio (© Fernando Carmena)

Faja Canadellos

tomamos un desvío a la izquierda, señalizando el **circo de Cotatuero**.

El sendero transcurre primero entre abetos y después asciende poco a poco por un fantástico bosque de hayas que en ocasiones se acerca mucho al barranco de Cotatuero. Llegamos a una caseta de troncos, el **abrigo de Cotatuero**, y tomamos el camino de la derecha y llegamos a un puente sobre el barranco de Cotatuero. Lo atravesamos. Empieza ahora un fuerte ascenso por una senda en zigzag entre vegetación y piedra suelta, marcada con hitos, que nos lleva a la base de las paredes de La Fraucata. A partir de aquí el camino es un espectáculo: transitando bajo los paredones ocres y rojizos de la formación areniscas de Marboré, el sendero, que solo puede ser uno, nos invita a una aventura inolvidable. Bajo nuestros pies el valle de Ordesa, labrado por el río Arazas; frente nuestro, los paredones del **Gallinero**; sobre nuestras cabezas, enormes bloques de roca arenisca que se formó en el interior de antiguos mares… Un gran paisaje que admiran a diario sarrios, águilas y quebrantahuesos que habitan por estas peñas.

Superado el paso rocoso bajo el Garmo de los Ciegos, la senda se adentra a una zona más boscosa, con pino negro, que va realizando ligeros ascensos y bajadas hasta llegar al **paso de Canadellos**. Es un paso rocoso bastante aéreo, pero está provisto de una cadena que nos ayudará a superar con más seguridad el obstáculo. Hay que prestar una especial atención a esta zona cuando el firme está mojado, ya que es muy resbaladizo y un tropiezo podría tener fatales consecuencias. Tras superar el paso, cruzamos el **barranco de las Ollas** y seguimos a media ladera por el bosque, que va cambiando los pinos negros, arces y avellanos por las coloridas hayas, tan fotografiadas en los meses de otoño por sus espectaculares coloraciones. El camino entre las hayas va descendiendo paulatinamente hasta encontrarse con el camino principal del valle de Soaso.

Llegados a esta intersección, tomamos la pista a la derecha y descendemos por el hayedo. Encontramos a nuestra izquierda un abrigo de troncos, continuamos por la pista principal y podemos admirar las **cascadas del Estrecho**, la de la **Cueva** y la de **Arripas**, que vamos encontrando. Con el río Arazas siempre a nuestra izquierda, llegamos a la zona llana del fondo del valle que nos conduce de nuevo a la **pradera de Ordesa**.

Otoño en la faja Canadellos

15 Faja Pelay

- **Inicio:** desde Torla a la pradera de Ordesa (obligatorio ir en bus desde el Centro de Visitantes y punto de información de Torla en verano y Semana Santa).
- **Duración:** 7 h
- **Subida acumulada:** 680 m

Por lo alto de Ordesa

Se trata de un recorrido clásico e imprescindible para conocer a fondo el **valle de Ordesa**. Podemos observar de forma privilegiada su estructura geológica, este gran armazón construido de rocas sedimentarias (areniscas y calizas) que se formaron en el fondo del mar. Admirar estas grandes paredes, vislumbrar sus altas cumbres, disfrutar de sus variados y tupidos bosques, descubrir el canto de los múltiples pájaros que habitan en estos parajes o embriagarse con los delicados olores de las coloridas flores son algunos de los placeres que podremos disfrutar en esta ruta.

Es larga, por lo que tendremos que valorar bien nuestras fuerzas, pero sin duda no nos dejará indiferentes.

Circo de Soaso

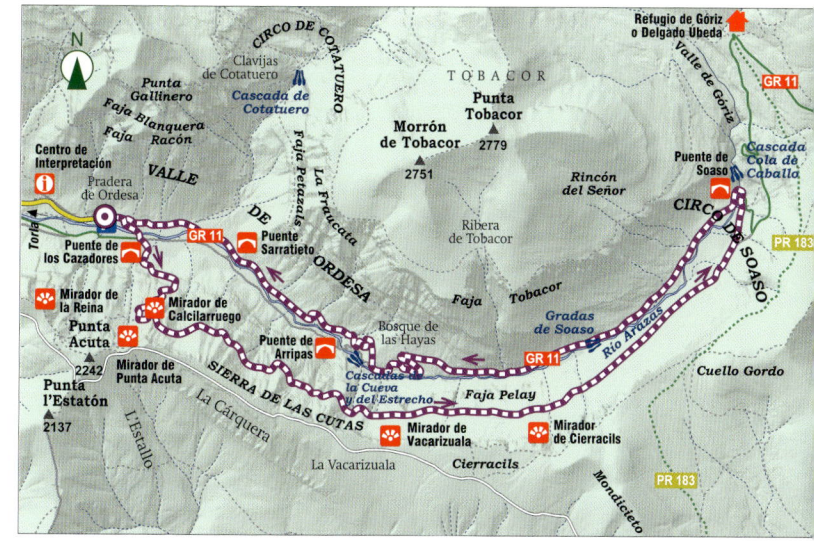

La excursión ▼

Iniciamos la ruta en la **pradera de Ordesa**. Dejamos a nuestra izquierda el camino principal del valle de Soaso y tomamos el camino de la derecha, actualmente transformado en un sendero accesible para personas con movilidad reducida y en el que encontramos indicaciones hacia la **senda de los Cazadores** y la **faja Pelay**.

En 5 min atravesamos el río Arazas por el puente de los Cazadores y al cabo de pocos metros un cartel bajo unas hayas nos indica el inicio de la senda

Vista desde el mirador de Calcilarruego

de los Cazadores. Tomamos pues este sendero a la derecha; primero llanea un poco, pero rápidamente su trazado es un zigzag continuo para salvar el fuerte desnivel. El bosque por el que avanza este agreste recorrido es de abetos y hayas, con un suelo bastante pedregoso y con numerosas raíces, encontrando también zonas arrasadas por la caída de aludes. Un caminar pausado, pero constante, nos ayudará a superar los 680 m de desnivel que nos separan de la pradera de Ordesa.

En una pronunciada curva encontramos un desvío a la derecha que nos indica el camino a la "Punta Acuta". Lo ignoramos y continuamos por la senda principal. Más adelante el camino gira bruscamente a la izquierda y entra en una cornisa que nos conduce al **refugio y mirador de Calcilarruego**.

La vista desde este mirador es espectacular: el Mondarruego y el Tozal del Mallo, las paredes del Gallinero, la Fraucata y Cotatuero frente a nosotros. A nuestros pies, la majestuosidad del valle de Ordesa, y como decorado del fondo, el sublime macizo de las Tres Serols.

Reanudamos la marcha entrando en la **faja Pelay** por el marcado sendero al E y casi en horizontal; transcurre entre pinos y rododendros, morada de mirlos capiblancos y reyezuelos, entre otros.

Llegamos a la **Mallata de Abé**, un pequeño refugio de madera. A partir de aquí el camino poco a poco va perdiendo desnivel y el bosque va dejando paso a las praderas. En primavera y verano podemos encontrar una gran variedad de flores, como edelweiss, nomeolvides, gencianas, globularias y lirios entre otras. El paisaje nos hipnotiza: el circo de Soaso, con las Gradas y la Cola de Caballo bajo la atenta mirada del más alto, el Monte Perdido; y más allá el resto hasta reconocer la mítica Brecha de Rolando. El camino llega a una bifurcación. A la derecha es para ir al refugio de Góriz, y a la izquierda, para regresar a la pradera pasando por la **Cola de Caballo**. Nosotros tomamos esta segunda opción.

Progresamos en descenso por la ladera pedregosa que nos conduce al **puente de Soaso**. Lo cruzamos y llegamos al lugar más popular del Parque Nacional de Ordesa y Monte Perdido: la **cascada de la Cola de Caballo**.

Regresamos a la pradera siguiendo el itinerario descrito en la ruta 10.

Edelweiss

Circo de Soaso desde faja Pelay

- **Inicio:** Torla
- **Duración:** 6 h (3 h 30 min ida, 2 h 30 min vuelta)
- **Subida acumulada:** 1.090 m

Las mejores vistas panorámicas de Ordesa

Esta ruta supondrá un verdadero reto a nuestras fuerzas, pues se trata de un sendero vertical que, aunque está muy bien trazado, asciende un desnivel considerable. El premio son unas de las mejores vistas del valle de Ordesa que podemos tener, inolvidables. Si no tenemos ganas o fuerzas para afrontar tal reto, podemos acceder a estos miradores con un servicio privado de taxi 4x4.

La excursión ▼

Comenzamos la ruta en **Torla**, junto al hotel Bellavista. Una senda señalizada, que transcurre por un camino empedrado, orlado con muretes de piedra, nos conduce hasta el río Ara. Lo cruzamos por el **puente de la Glera**, una preciosa construcción de origen medieval, y continuamos por una pista, a la derecha, señalizada como "Ermita de Santa Ana".

Ermita de Santa Ana

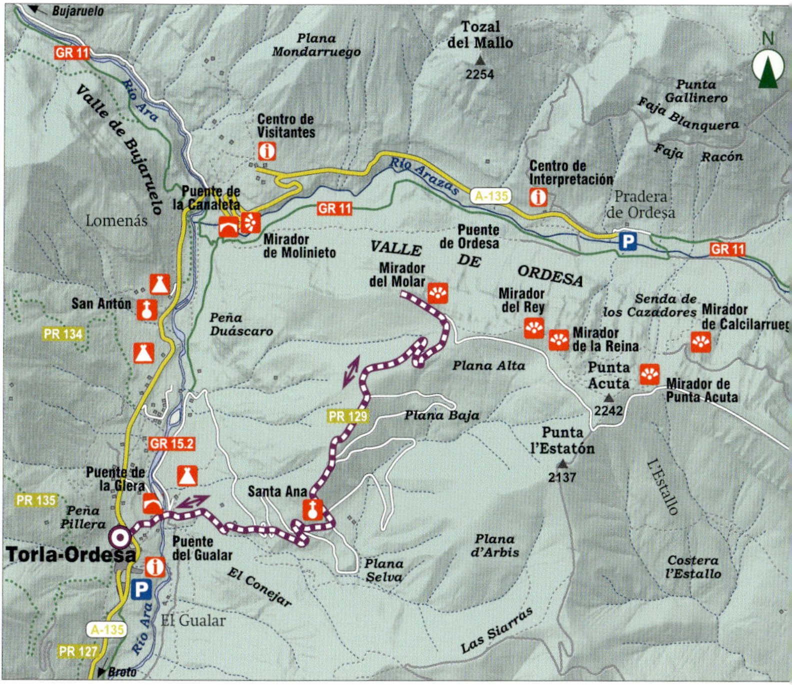
Bujaruelo
GR 11
Plana Mondarruego
Tozal del Mallo
2254
N
Punta Gallinero
Faja Blanquera
Faja Racón
Río Ara
Valle de Bujaruelo
Centro de Visitantes
Río Arazas
A-135
Centro de Interpretación
Pradera de Ordesa
Puente de la Canaleta
Lomenás
GR 11
Mirador de Molinieto
Puente de Ordesa
VALLE DE ORDESA
P
GR 11
Mirador del Molar
San Antón
Mirador del Rey
Senda de los Cazadores
Mirador de Calcilarrueg
Mirador de la Reina
PR 134
Peña Duáscaro
Plana Alta
Punta Acuta
2242
Mirador de Punta Acuta
PR 129
Plana Baja
Punta l'Estatón
2137
GR 15.2
L'Estallo
Puente de la Glera
Santa Ana
PR 135
Peña Pillera
Torla-Ordesa
Puente del Gualar
Plana d'Arbis
Plana Selva
El Conejar
Costera l'Estallo
P
El Gualar
Río Ara
A-135
Las Siarras
PR 127
Broto

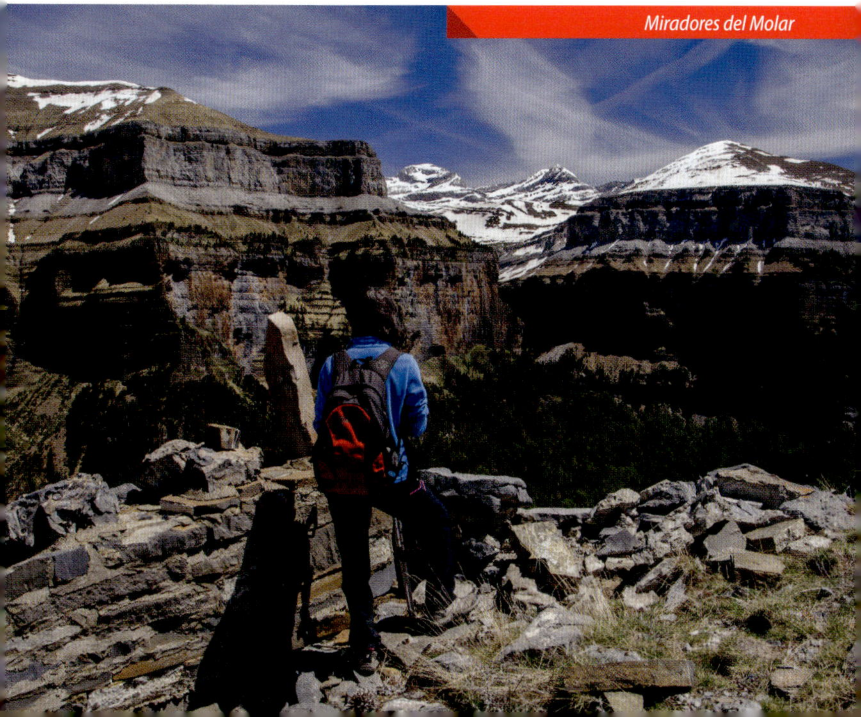
Miradores del Molar

Nuestro itinerario coincide con el trazado del **PR-HU 129**, por lo que nos será muy útil seguir su señalización.

Avanzamos unos 50 m por esta pista, que es la que da acceso a un camping, y tomamos otra pista que sale a la derecha. Continuamos unos 40 m y tomamos un camino a la izquierda. A los pocos metros encontramos un sendero a la derecha, que vamos a tomar y ya no dejaremos hasta llegar a la ermita de Santa Ana. La senda, que asciende de forma continuada, va por un camino empedrado, orlado con muretes de piedra, de ambiente musgoso y bajo un túnel de avellanos. A ambos lados, pequeñas bordas y campos de siega complementan el paisaje. A medida que vamos ganando altura, la vegetación va cambiando, y encontramos primero quejigos y boj y más adelante pino royo. El trazado del sendero cruza la pista en varias ocasiones y, tras 1 h 30 min, llegamos a la ermita de **Santa Ana**, situada en un llano con unas bordas entre verdes prados. Continuamos por la senda que sale de la parte posterior de la ermita y que avanza por una pequeña cresta, dejando a la derecha la pista principal y una pequeña acequia de agua.

El camino asciende por una loma que combina áreas más boscosas de pino con otras de más peladas. Tenemos buenas vistas de Torla, Broto, Oto y el barranco de Sorrosal, hasta que volvemos a la pista. Avanzamos unos metros por el amplio vial y tomamos un sendero a la izquierda que asciende de forma más acusada por un bosque de pino.

Desembocamos de nuevo en la pista principal, por la que continuaremos un buen rato. Pasaremos una marcada curva a la derecha (en la que hay un sendero señalizado con hitos para acortar algo de camino), otra a la izquierda y, al llegar a la siguiente a la derecha, encontramos un sendero que sale de la parte exterior de la curva y que nos conducirá directamente hasta los **miradores del Molar**. Hay tres miradores: desde el primero que encontramos hay una impresionante vista del valle Ordesa, con la zona de la pradera a nuestros pies,

Valle de Ordesa desde el mirador del Molar

y las verticales paredes del **Gallinero** y **la Fraucata**; por detrás asoman el Monte Perdido, el Cilindro de Marboré, el Tallón y los Gabietos. Si seguimos por la cresta en dirección O, donde hay un repetidor de telefonía, encontramos los otros dos miradores, que nos amplían la panorámica hacia el valle de Bujaruelo, con el pico de Otal y la sierra Tendeñera y el valle hacia Torla y Broto. El retorno a Torla será por el mismo camino. Si tenemos fuerzas y tiempo, tras haber visitado los miradores del Molar podemos acercarnos hasta los vecinos miradores del Rey y la Reina, que ampliarán la visión hacia el circo de Cotatuero y el valle de Ordesa, aunque nos supondrá al menos 1 h más en el itinerario.

Valle de Bujaruelo y pico Otal

- ••••• **Inicio:** Linás de Broto. Por la N-260 entre Broto y Biescas. El punto de inicio se encuentra en la parte exterior de la curva que hay junto al puente sobre el río Sorrosal.

- **Duración:** 3 h 30 min (1 h 50 min ida, 1 h 40 min vuelta)

- ▲ **Subida acumulada:** 510 m

La armonía perfecta

En las puertas de Ordesa, apartados de las aglomeraciones que recibe el Parque Nacional, hay un lugar precioso, escondido y accesible para toda la familia. Con un agradable paseo descubrimos el estético valle del **Soaso de Linás**, en el que el **río Sorrosal** nos va regalando una sucesión de cascadas de enorme belleza. Como telón de fondo, las paredes de la sierra de Tendeñera enmarcan nuestra mirada y configuran el paisaje.

Oculto en el interior de estos calcáreos farallones hay un universo endokárstico de gran interés científico y deportivo: el sistema Arañonera. Sus nueve entradas dan acceso a múltiples galerías. En constante exploración, actualmente se han estudiado unos 43 km de recorrido, con –1.349 m de desnivel.

Vistas hacia las crestas de Año

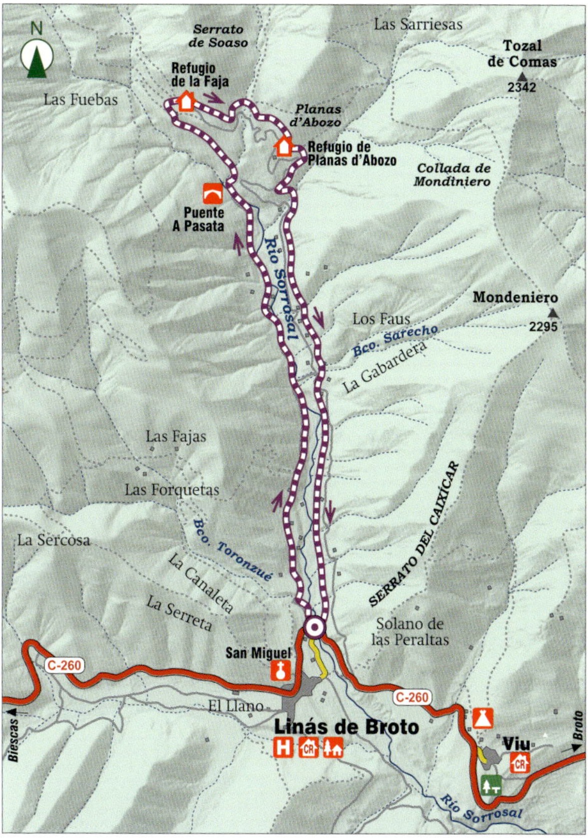
N
Serrato de Soaso
Las Sarriesas
Tozal de Comas
2342
Refugio de la Faja
Las Fuebas
Planas d'Abozo
Refugio de Planas d'Abozo
Collada de Mondiniero
Puente A Pasata
Río Sorrosal
Mondeniero
2295
Los Faus
Bco. Sarecho
La Gabardera
Las Fajas
Las Forquetas
SERRATO DEL CAIXICAR
La Sercosa
Bco. Toronzué
La Canaleta
La Serreta
Solano de las Peraltas
San Miguel
C-260
C-260
El Llano
Linás de Broto
H
CR
Viu
CR
Biescas
Broto
Río Sorrosal

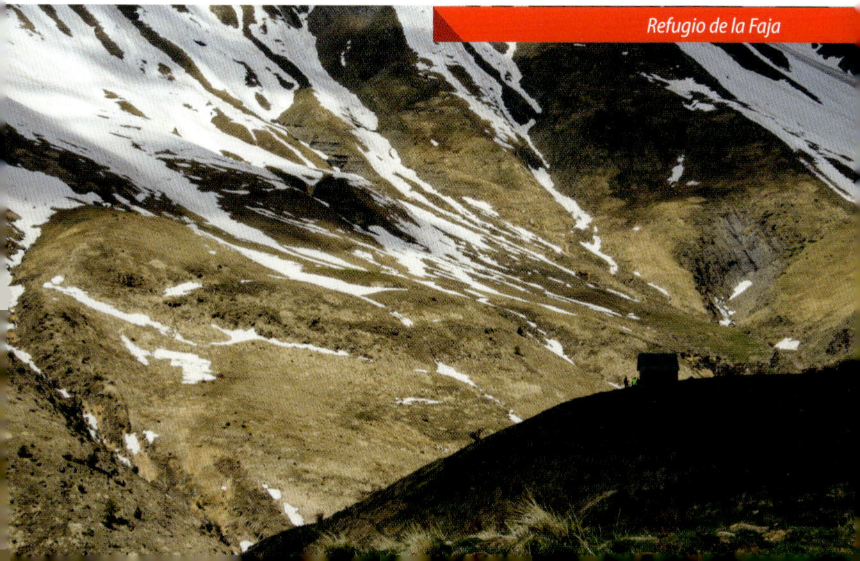
Refugio de la Faja

La excursión

Comenzamos la excursión en el parking del **puente del río Sorrosal** (1.230 m). Un cartel nos explica algunas excursiones de la zona. Tomamos el amplio camino que avanza en marcada dirección N. En pocos minutos llegamos a un puente de hormigón situado sobre el barranco Toronzué, lo cruzamos y se-

guimos por el sendero que avanza por la derecha orográfica del río Sorrosal, aunque un poco alejado de sus aguas. Un delicioso camino, a veces pedregoso, a veces empedrado, a veces orlado por muretes de piedra, nos aleja de **Linás de Broto** entre avellanos, bojes, alguna haya y estéticas matas de acebo. En 40 min llegamos a una bifurcación;

Barranco Planas d'Abozo

a la derecha vemos el **puente Sarecho** sobre el río Sorrosal: su visita merece la pena. Volvemos a la bifurcación y seguimos dirección Soaso. El sendero, entre bojes, hayas y pinos, va alternando tramos de espesor vegetal y tramos más abiertos en los que vamos descubriendo el pico Otal y las Crestas del Año.

Tras disfrutar del espectáculo que el río va ofreciéndonos con su sucesión de cascadas, llegamos al **puente A Pasata** (1 h 20 min). Lo cruzamos y ascendemos unos metros hasta encontrar en una marcada curva un cartel a la izquierda que nos indica la presencia de una cascada. La visitamos y volvemos al sendero principal. Continuamos y un segundo desvío a la izquierda nos envía a la segunda cascada, tomamos este sendero hasta llegar a la bonita caída de agua del **barranco Planas d'Abozo**. Cruzamos el barranco por la parte donde termina la poza de agua y seguimos por un sendero a media ladera, entre pastizales. Frente nuestro ya distinguimos el pequeño refugio, con su característico tejado verde y, detrás, la impo-

nente verticalidad del pico Tendeñera. Tras 1 h 50 min de caminata llegamos al **refugio de la Faja** (1.740 m), punto estratégico en la ascensión al pico Tendeñera y a la travesía hacia el vecino valle de Tena.

Reanudamos la marcha por un amplio camino al E que a los pocos metros se convierte en pista y nos lleva al **refugio del Soaso de Linás**, por un entorno de gran belleza a los pies de la sierra Tendeñera. Seguimos en descenso pasando por las inmediaciones del puente A Pasata, disfrutando de unas vistas del valle que antes hemos ascendido, salpicado de pequeñas bordas y verdes prados.

Tras pasar junto a una pequeña borda, a la derecha encontramos el vial que desciende al puente Sarecho. Si lo deseamos podemos tomarlo para volver al punto de inicio o podemos continuar por la pista y tras el badén del barranco Manarieto tomamos un sendero a la derecha, indicado con un cartel de madera, que nos conduce hasta el puente de Sorrosal, inicio de la excursión.

Sierra de Tendeñera

- •··· **Inicio:** Viu. Por la N-260 entre Broto y Biescas. Tomar la carretera de acceso al pueblo hasta una gran era con zona de aparcamiento.
- ↻ **Duración:** 3 h 40 min (1 h 40 min ida, 2 h vuelta)
- ▲ **Subida acumulada:** 400 m (ida desnivel negativo, vuelta positivo)

Tras la cascada del Sorrosal

Al final de nuestro recorrido llegamos a la **cascada del Sorrosal**. Sus múltiples pliegues y formas nos hablan de su historia geológica.

Estas rocas que vemos se llaman turbiditas y se formaron en el interior de un profundo mar en el que se iban depositando, de forma secuencial, materiales de distintos grosores (gravas, arenas, arcillas y limos). Las fuerzas tectónicas de la orogenia alpina, entre 50 y 20 millones de años, fueron las responsables de levantar y plegar estas rocas sedimentarias de forma tan espectacular. Una vez ya levantadas, la erosión glaciar y fluvial se encargó de esculpir el modelado actual.

Al tratarse de rocas formadas en un mar profundo, los restos fósiles que encontramos son de los animales que vivían en sus fangos y rocas (invertebrados, tipo gusano). Concretamente, podemos ver las actividades de alimentación, desplazamiento y reposo que realizaban.

En estas rocas podemos descubrir un enorme catálogo de formaciones geológicas de gran interés: pliegues, cabalgamientos, huellas fósiles (icnofósiles), ripples, diaclasas, lóbulos turbidíticos…

Bordas de Fragen

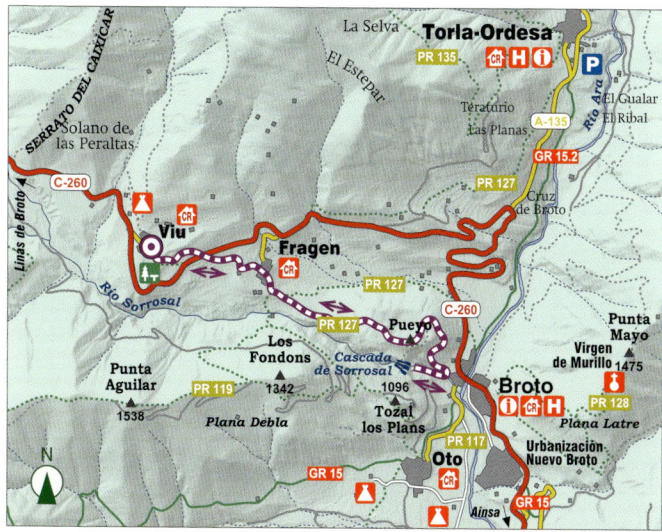

La excursión ▼

Comenzamos la excursión en una era que encontramos justo al finalizar la carretera de acceso al pueblo, tomando de frente una amplia pista que nos lleva junto a una nave, donde aparece la señalización de PR-HU 126, que debemos seguir. Pronto encontramos una bifurcación donde continuamos por el camino de la derecha, que asciende hasta un pequeño alto desde el que tenemos unas buenas vistas. Continuamos por el camino señalizado, ahora en marcado descenso entre bojes y quejigos, hasta llegar a la carretera N-260, que tenemos que cruzar extremando las precauciones. Ya en el otro lado, el camino PR-HU 126 continúa su trazado entre mure-

Camino del Pueyo

tes de piedra para alcanzar la zona de las **bordas de Fragen**, salpicada de verdes pastos y con unas vistas privilegiadas. Allí encontramos una bifurcación; tenemos que continuar por el camino de la izquierda, que nos lleva de forma directa hasta el núcleo urbano. Lo atravesamos hacia la derecha, pasando junto a la iglesia y una espléndida fuente.

Al salir de la población, hacia el sur, dejamos a la derecha un desvío que nos conduce a un puente sobre el río Sorrosal (PR-HU 126 Oto. Yosa) y continuamos recto hasta alcanzar la **ermita de la Asunción**.

En este punto tomamos el ramal de la derecha, siguiendo el PR-HU 127 por el camino del Pueyo. Avanzamos por el camino que curiosamente separa dos valles: a la derecha el del barranco del Sorrosal, que va ya muy encajonado en la roca, y a la izquierda el valle de Batatar, amplio y aterrazado con campos de cultivo. Un agradable caminar entre campos de cultivo nos conduce a un

cruce; continuamos por el camino de la derecha, señalizado con la pintura del PR. Pronto nos adentramos en un pinar que nos impide la visión panorámica sobre el valle. En este denso bosque encontramos un desvío a la derecha, que debemos tomar, y llegamos a una explanada con un apetecible prado.

El camino a **Broto** continúa hacia la izquierda, pero nos desviamos momentáneamente a la derecha unos 100 m para alcanzar los miradores del Pueyo y contemplar desde lo alto el valle de Broto, la cascada del Sorrosal y la cumbre del pico Manchoya. En este punto finaliza la vía ferrata que asciende por la cascada de Sorrosal, sin duda una actividad de aventura muy recomendable.

Volvemos de nuevo al prado y tras cruzarlo continuamos por el sendero que desciende hasta Broto. Una vez en la población giramos a la derecha para alcanzar la **cascada del Sorrosal**.

El retorno lo efectuamos por el mismo sendero.

Broto y valle del Ara

Cascada de Sorrosal

- **Inicio:** Broto
- **Duración:** 2 h 35 min (1 h 45 min ida, 50 min vuelta)
- **Subida acumulada:** 572 m

Una ermita con buenas vistas

La **ermita de Murillo** es una construcción rústica en piedra sobre planta rectangular con crucero, cubierta por bóveda. Su aspecto externo se asemeja a una borda del país. En su interior alberga pinturas con imágenes de ángeles y motivos florales. En la puerta, una gran losa alberga esta inscripción: "Se redifico a expensas de D. Pedro Santamaria de Andare. Año 1789. Reinando Carlos III y Pio VI. Fecit Jvan Santamaria".

Su construcción data de los s. XVII y XVIII. Cada 1 de mayo, los habitantes de Broto ascienden a esta ermita en romería para venerar a su virgen. Interesante matinal por el entorno de Broto que nos sorprenderá con las vistas desde la Punta Mayo.

Vistas hacia Torla y el Mondarruego

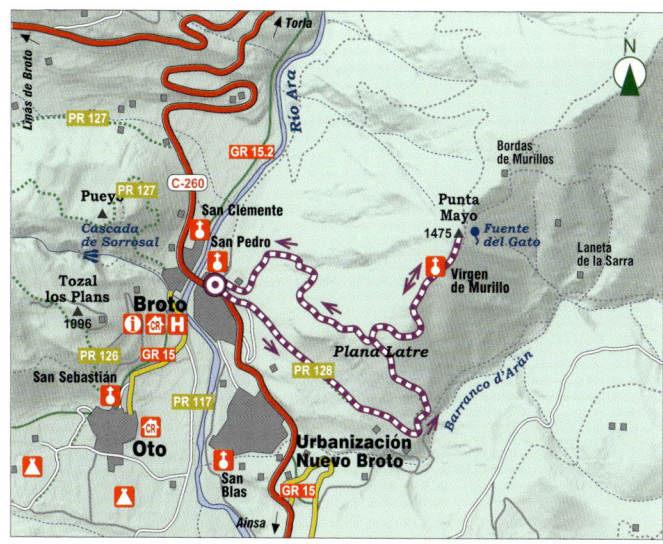

La excursión

Empezamos la excursión en la localidad de **Broto**, por la calle que sube a la Iglesia. Nos desviamos a la derecha, junto al Centro de Interpretación de la Ganadería, un museo que se ubica en un antiguo molino de trigo restaurado. En pocos metros salimos del casco urbano y encontramos un cartel indicador del PR-HU 128. Tomamos el camino de la derecha, **"Ermita de Morillo por camino de la Caña"**. Ascendiendo por un camino empedrado, entre muretes de piedra, vamos disfrutando de una exquisita vegetación de quejigos y boj, morada de herrerillos y carboneros. Si nos fijamos, a la izquierda encontramos los restos de lo que fue un antiguo horno de cal. Llegamos a un desvío; el cartel nos indica que para la ermita hay que seguir por la izquierda (a la derecha sigue el camino de la caña). Segui-

Vista de Oto, el Pelopín y la sierra de Escartín

mos nuestro ascenso ganando paulatinamente unas espléndidas vistas sobre
el valle de Broto.

Llegamos a un nuevo cruce, con poste
indicador. Hay que seguir a la derecha,
a la ermita de Murillo. En el entorno

vegetal van apareciendo ejemplares
de pino royo envueltos en marañas de
muérdago.

Salimos a una zona más despejada y
aparece la vasta edificación de la **ermita de Murillo**. Le damos un rodeo para

Broto y el barranco de Sorrosal

poderla visitar y seguimos el ascenso hasta **Punta Mayo** por el camino que sale al norte del edificio religioso. El sendero, evidente, sigue en marcado ascenso atravesando lo que fue una antigua necrópolis. Tras 5 min (desde la ermita) encontramos un desvío a la izquierda, marcado con hito, que debemos tomar. Seguimos el ascenso por sendero pedregoso pero evidente para alcanzar la cima de **Punta Mayo** tras 10 min desde la ermita.

Esta modesta cumbre es sin duda un mirador privilegiado: el valle del Ara, con su serpenteante río, albergando las poblaciones de Oto, Broto y Torla, y hacia el Cotefablo, Fragen, Viu y Linás de Broto. Levantando la vista un sinfín de montañas: Peña Canciás, pico Suerio, Manchoya, Pelopín, Litro, Otal, Tendeñera, Comachibosa, Mondarruego… un espectáculo sin fin.

Para el retorno volvemos a la ermita y descendemos hasta el primer cruce de caminos con indicaciones que encontramos. Ahora debemos tomar el camino a la derecha que retorna a Broto por Sarratieto. Un sendero algo más roto que el anterior nos conduce en marcado descenso por un frondoso y húmedo bosque de pinos hasta la población de **Broto**, donde hemos iniciado la ruta.

Ermita de Murillo

- **Inicio:** Broto
- **Duración:** 1 h 40 min (1 h 10 min ida, 30 min vuelta)
- **Subida acumulada:** 127 m

Disfrutando de los caminos tradicionales

La población de **Broto** es una de las puertas principales de acceso al Parque Nacional de Ordesa y Monte Perdido. Situada fuera del parque, nos ofrece mucho más. Sus dos barrios, separados por el río Ara, estaban unidos por un puente gótico del s. XVI que fue destruido en la Guerra Civil española. Junto a él hay la Casa del Valle y la torre de la Cárcel, del s. XVI. La cárcel de Broto alberga una serie de grabados espectaculares que realizaron los presos entre los s. XVII y XX. Estos gravados están restaurados y pueden visitarse en verano.

La iglesia de Broto, del s. XVI, está dedicada a san Pedro Apóstol y destaca por su torre defensiva almenada. También es interesante el conjunto arquitectónico tradicional de algunas casas de la población.

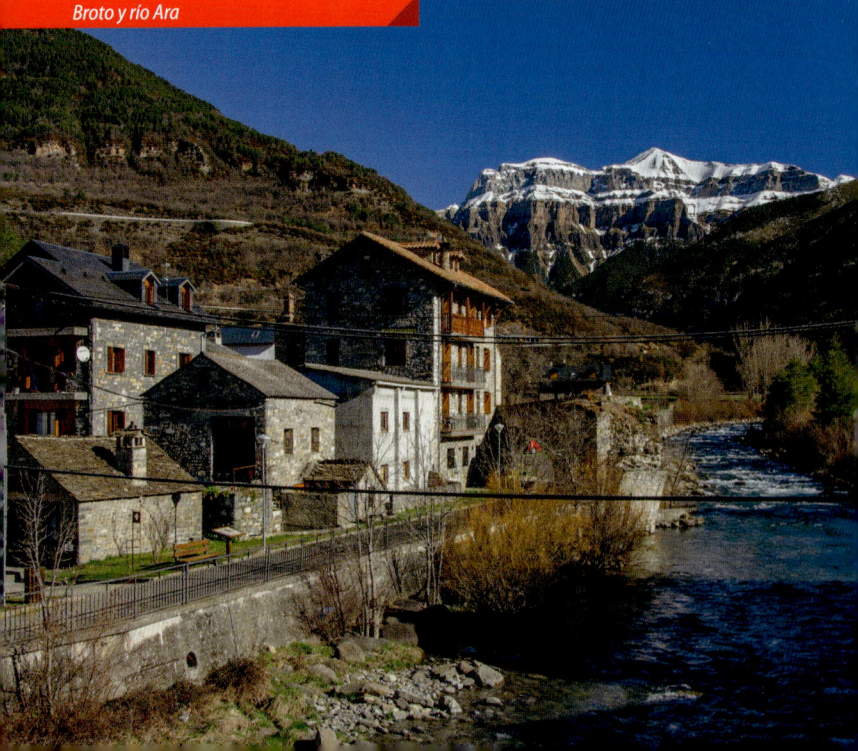

Broto y río Ara

La excursión

Comenzamos esta agradable excursión en la **plaza Mayor de Broto**, situada junto al río Ara. Un cartel explicativo nos enseña como fue el puente me- dieval que antaño unía los dos barrios de Broto y que fue destruido durante la Guerra Civil española. Actualmente podemos admirar los restos de esta edi- ficación a ambos lados del río.

Pico Manchoya

Torla

Para iniciar la ruta caminamos junto al río Ara y pasamos por debajo del arco de lo que fue dicho puente. Seguimos recto y pasamos junto a la pequeña **ermita de San Clemente**. A continuación, llegamos a un cruce de calles con carteles que nos indican varias rutas. Nosotros vamos por la derecha, siguiendo las indicaciones del GR 15.2 hacia Torla.

Salimos del pueblo en medio de un entorno rural de campos de cultivo y de pasto por una pista llana. En escasos 10 min llegamos a la zona de la chopera, con mesas, bancos y juegos infantiles. Es un lugar muy concurrido en los calurosos días de verano, donde si nos apetece podemos darnos un chapuzón en las frías aguas del río Ara.

Continuamos por la pista hasta llegar a una pequeña nave: el matadero municipal. Aquí finaliza la pista y rodeando el edificio por la derecha tomamos un sendero que nos llevará hasta Torla. Se trata del camino tradicional que unía estas dos poblaciones. Un precioso camino empedrado, con muchos tramos entre muretes de piedra. La vegetación es muy variada: avellaneras, nogales, quejigos, tilos, boj… un muestrario natural que nos tendrá entretenidos.

El camino asciende ligeramente, con algún tramo más vertical. Nos cruzamos con algunos barrancos, que llenan el camino de agua casi todo el año, pero los superaremos sobre algunas piedras sin problemas. También encontramos alguna borda durante el paseo.

Es recomendable darse la vuelta de vez en cuando para admirar el paisaje que va abriéndose a nuestras espaldas: la población de Broto, con las montañas del cordal del Monchoya detrás y, a los pies, el Ara, que baja bravo en su recorrido esculpiendo las montañas del valle.

Ya cerca de Torla empezamos a ver su característica torre de la Iglesia. El camino llega a una bifurcación, debajo de la carretera. Da igual por donde continuar, pues ambas opciones nos conducen al núcleo de **Torla**. Nosotros continuamos por la izquierda hasta llegar a la carretera, que cruzamos. Tomamos a la izquierda la pequeña carretera de entrada a la población, pasamos por el cementerio y llegamos a la plaza de Aragón, ya en el centro del núcleo urbano. El regreso será por el mismo camino.

Primula veris L.

Guías familiares

Los caminos de Alba

20 EXCURSIONES PARA TODAS LAS EDADES

Las guías de Los Caminos de Alba

1. Valle de Ordesa
2. Valle de Benasque
3. Sierra Nevada
4. Moncayo
5. Sierras de Cazorla y Segura
6. Valle de Tena
7. Val d'Aran
8. Pineta-Añisclo-Escuaín
9. Valles de Canfranc, Ansó y Echo
10. Picos de Europa